金融資産 一億円！
インフレ時代の投資術

銀行・証券会社にたよらないお金持ちへの道

カリスマ富裕層マネー専門家
アレース・ファミリーオフィス代表
江幡吉昭
Ebata Yoshiaki

さくら舎

まえがき

二〇二四年三月に日本銀行が公表した資金循環統計では二〇二三年末の家計金融資産が前年比5・1％増の二一四一兆円となり過去最高を更新した。この構成比をみると非常に興味深い事実がわかる。現金預金が一一二七兆円（1％増）、保険が三八一兆円（0・7％増）、投資信託の保有残高は一〇六兆円（22・4％増）、株式等二七六兆円（29・2％増）となっている。つまり元本変動リスクが低い現金預金や保険などが微増にとどまり、リスク性資産と言われる投資信託や株式が二割以上の増加となったということだ。そしてこの一一二七兆円の現金預金が今後リスク性商品である株式や投資信託に投資され、資産運用がますます盛んになることが予想される。三〇年にわたり続いたキャッシュイズキングという時代が転換したと言ってよいだろう。

このキャッシュイズキングの時代が終わったことが、二〇一九年以来、五年ぶりに本を執筆しようと考えた直接的な理由になる。また、本書を通して、普段私がお客様と話をしていて感じていることや、月に一度ダイヤモンド・オンラインなどのメディアに執筆する中で、原稿には書きづらい本音も書いてみたい。またせっかく読んでいただくからには読者の方に、一〇年は使える普遍的な「知識」や「知っていた方がいいこと」「直感に反するような事実」を中心にお伝えしたいと思う。

特に資産運用に関してはあまりにも偽物が多く、投資詐欺は論外だが、その多くが、「沿道のヤジであり、気に止める必要はない」ということを知っておく必要がある。

人生は短く、自分にとって有意義な時間と機会は有限であり、その人生というマラソンを走っていく中で余分な沿道のヤジに気を取られていると、あっという間に体力（お金）は奪われていくし、目指すべきゴールにたどり着かない。そこで初心者が陥りがちな落とし穴などを中心に役に立つ情報を書いてみたい。

資産運用という業界は長らく「怪しいモノ」「大きく損をするもの」などどちらかというとネガティブなイメージが強かった。私もこういう仕事をしていても、一般の方に「資産運用した方がいいですよ」とは言えずにいた。場の空気を読んで資産運用には特段触れずにここまで来た。

しかし、今、政府が国として資産運用立国に向けた各種規制の緩和などの政策変更、特に新ＮＩＳＡの拡充や、東京証券取引所のＰＢＲ一倍超え要請、そして日本銀行のマイナス金利解除などの金融政策の変更など、各方面の足並みが揃うことで、本気で資産運用を根付かせようとしている空気とインフレの萌芽を感じる。そこで、私も普段考えている「それは違うよな、本当はこうだよな」「ベテランの資産運用経験のある富裕層は普段こう考えているよな」ということを記して読者の方のお役に立ちたいと思う。

私自身、外資系プライベートバンク（そもそもこのプライベートバンクという言葉自体が陳腐化していると私は考えているのだが……）での営業経験以来、富裕層ビジネスに二〇年以上関わっているが、富裕層になるため、もしくは資産を維持していくための「メディアでは書けない本音」も書きたいと思う。まえがきの最後として、書名にもあるが、本書で言う「富裕層」の定量的な定義について、今回は富裕層に関するマーケティングを定期的に行っている野村総研総合研究書の数字を使う。野村総研では「世帯純金融資産一億円以上」を富裕層と定義し、「世帯純金融資産五億円以上」を超富裕層と定義している。

それでは、資産運用について、富裕層になるためもしくは築いた資産を維持するための資産の話を始めてみたい。財務・税務・法務・資産運用・相続・事業承継・不動産と多岐にわたった話になるがお付き合いいただければ幸いである。

目次

第二章　加速度的に資産を増やす

第三章　不動産投資で失敗しないために

第四章　投資しないと損する時代

あとがき

金融資産一億円！　インフレ時代の投資術

――銀行・証券会社にたよらないお金持ちへの道

第一章　世間の常識とは異なる事実がある

○七〇歳超えたら、終わりよければすべてよし

自分が死ぬのは何歳かわかれば苦労しないのだが、私は終わりよければすべてよしだと考えている。特に死ぬ前の最後の一〇年が大事だと思っている。とはいえ、いつ死ぬのかわからないので、目安としては「七〇歳超えたら、終わりよければすべてよし」だと思う。事業承継の決断、相続争いが無いように遺言等の準備をする、手を広げた資産運用の出口、そのような人生の総決算の決断はできれば七〇歳までにしたい。理由は七〇歳をすぎたくらいから新たな決断ができなくなるからである。よって七〇歳超えたら、終わりよければすべてよし、であらゆる準備をしていくことが大事である。ある事例を紹介したい。

当時七〇代の女性会社経営者Aさんは、二〇二〇年に新型コロナウイルスで注目されたあるハイテク銘柄の株を一億円分購入した。その後、その銘柄はAさんの読みどおり、加速度的に価格が上昇した。Aさんは追加で信用取引なども利用して同銘柄をどんどん買い進めた。約半年で投資した金額は三億円にもなった。株価が上昇したので、そのハイテク銘柄の株は約五億円になった。つまり、約二億円の含み益が出たのだ。

しかし、Aさんの投資は大成功……とは行かなかった。好調は長くは続かず、株価はなんと一

○○円にまで下落。三億円の投資金額が、一五○○万円の価値になってしまった。二○分の一にまで減少してしまったのだ。

実はAさん、投資で大損するのはこれが初めてではない。十数年前、Aさんは当時のあるベンチャー株に投資した。買った株はぐんぐん上がり、資産は総額一○億円になった。しかし、しばらくすると当該株は急落。気付いたときには証券会社から追証（追加保証金）を求められる状況になってしまった。

預貯金などの余剰資金はとっくに証拠金として消えていたので、会社の資金に手をつけた。社長自身の「経費の立て替え精算」ということで自社の銀行口座から一億円を自分の証券口座に移した。追証の証拠金として会社のお金を自分の証券口座に突っ込むこと数回……。一度やってしまうと、会社のお金を証拠金にあてることに慣れてしまい、何度もその株を買い支えてしまった。

Aさんの危ない綱渡りはこれだけでは終わらなかった。仲の良い社長仲間と行ったマカオのカジノで、あろうことか信用取引での損を挽回しようとしたのだ。案の定、ここでも一千万単位の負けを繰り返すことになった。

その後、税務調査で会社の資金の流用がバレた。「社長自身が立て替え精算した、この五億円もの経費はなんだ？」という話になり、結局のところ経費とは認定されなかった。社長が会社から お金を借りた、つまり会社から見ると役員貸付金という形で五億円の貸付を受ける形に落ち着いた。

Aさんは、当時はまだ働き盛りの六〇代前半。気力も十分であり、その後の一〇年間で自分の役員報酬を年間数億円にすることで、役員貸付金を完済することができた（役員貸付金が多額になるケースでは、役員報酬を増額することで貸付金を解消するケースは多い。しかし、正しい方法ではない。多額の所得税を払うことになるからだ）。

このように資産運用でもリスクを取った一銘柄一本に絞るような投資行動は七〇歳以降はやめて、株式でも世界の優良株にレバレッジ※をかけず分散投資で運用すべきである。株式投資自体はすべきだが、リーマンショックのようなときには、一瞬で50％減などの暴落を経験することになる。自分の終盤に使うべき資産が50％になると、一〇年後に回復するかもしれないが、ストレスは測り知れず、老後の資金の使い方がわからなくなってしまう。

一方で、多くのお客様から「自分の子供も成人を機にＮＩＳＡなどの投資をさせた方がいいか？」という質問も多くいただく。私個人的には「若いうちは自分に投資をすべきときであり、自己投資が最優先」と言っている。もちろん、資産運用に限らず失敗できるのは若いときだけなので、自己投資後にお金が余るようであれば、新ＮＩＳＡに投資することは悪いことではないと思う。ある程度のお金や資産運用との距離感を若いうちに失敗を経験しながらつかめることが出来れば前述の女性経営者のような失敗はないと思う。しかし他人に投資するより最優先は自己投資だろう。

※借入を利用し手本資金よりも多額の取引を行い投資効率を高める方法

○子供に何を遺すか、どう遺すか

「子供にどう遺すべきか？」これはよく顧客から相談される話である。せめて家くらいは遺したいという思いを持っている親は多い。そのような人にはいくつかのやり方がある。

まず、子供の住む家の自宅の頭金だけでも渡してあげたいと考える親は、「住宅取得資金贈与の特例」であろう。

これは省エネ住宅など、住宅の種類にもよるが、一〇〇〇万円程度親から子供に住宅取得資金の一部を贈与しても非課税であるという制度である。これ自体は翌年の三月の確定申告が必要になる。さまざまな条件があるので注意をして欲しい。

次に、自宅を子供に渡したい人で、子供名義で全額お金をだして親が家を買ってあげた場合、税務当局から贈与と言われる可能性が高い。その場合、税金は高額になるので注意してほしい。例えば五〇〇〇万円の家でそれが贈与となると、二〇〇〇万強の贈与税がかかってしまう。そうではなく親が買った親名義の家に住まわす方がまだいい。その後、親は、遺言などを作成しておいて、子供に相続させると記すべきである。

ちなみに戸建てにせよ、マンションにせよ、建物は減価償却されて年々価格が減少していくので、購入して何年後に親が亡くなるかにもよるが、買ったときよりは安い値段になることが多い。その時の不動産の価格は相続評価（路線価）になるため、都内の不動産であれば、時価＞相続評

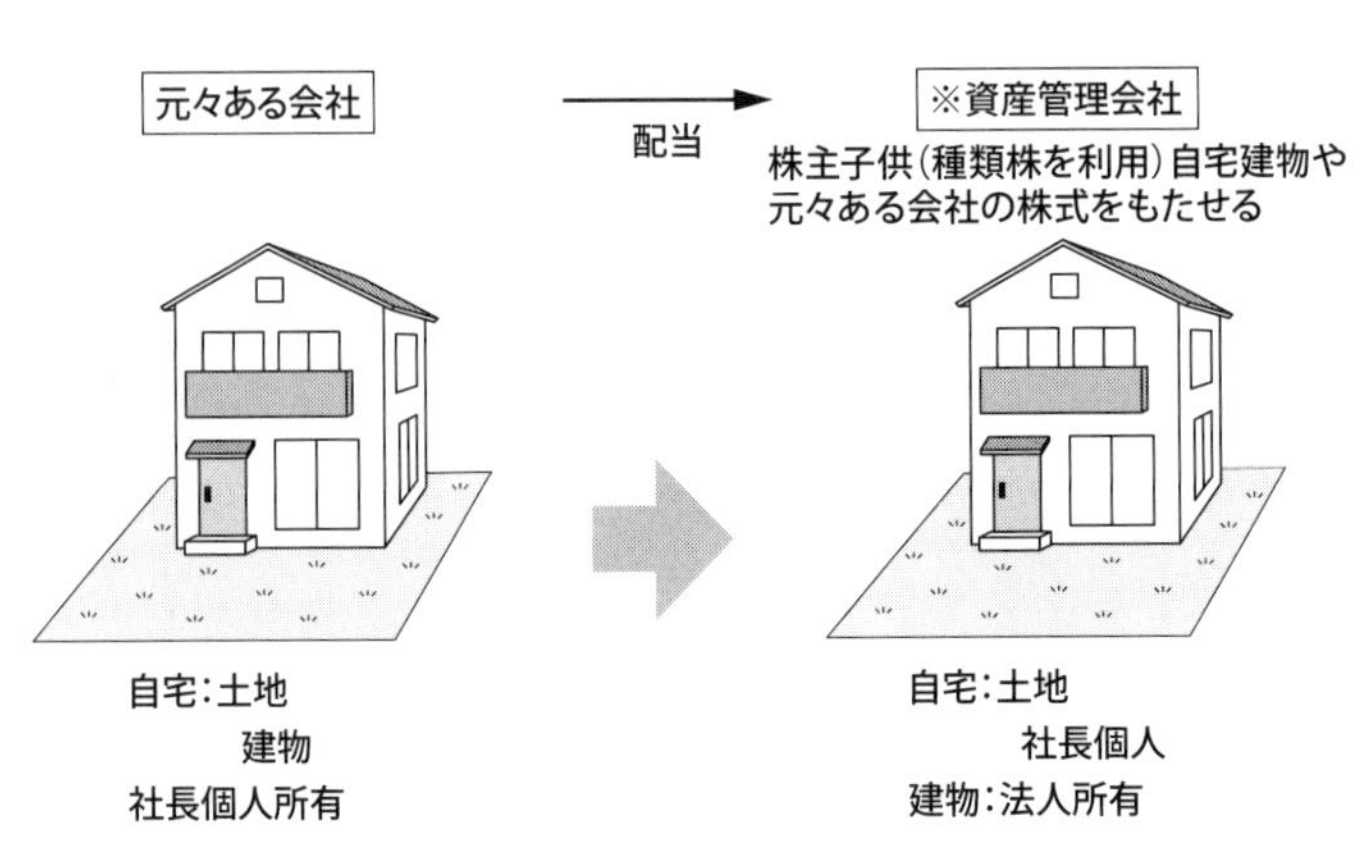

価となるので相続税対策となる。買った値段(時価)よりも亡くなったときの不動産の値段(相続税評価)が低くなるため、低い評価で次代に相続させることができ、税金対策にはなる。

自宅を子供に渡したい親が法人オーナーの場合、上記とは異なる。例えば新たに資産管理会社を作り株主は子供にしておく。そして、その会社に自宅を移すと、資産管理会社をとおして、子供が実質的に自宅を保有するという形をとることができる。一般的には利益が出ている中小企業で選択する手法である。自宅には修繕費用や固定資産税などのさまざまなメンテナンスコストがかかる。そのようなお金が自宅所有者の個人にかかってしまうので、自宅を資産管理会社という法人に保有させることで費用負担を法人にさせるという仕組みである。図にするとこのような形になる。更に資産管理会社には自宅だけでなく、利益が出ている中小企業の自社株も持たせておく。その会社の配当で資産管理会社を養っていける状態にするのだ。そうすることで資産管理会社が自宅のメンテナンスフィーや子供への給与を払える状態にしておくわけである。

また、この社長個人の自宅をいつ「資産管理会社に入れ込むのか？」というタイミングも重要である。一般的には建物がある程度年月が経っていたり、銀行借り入れがあまりないか、もしくは全くない状態のときに入れることが多い。理由は多額に借り入れが残ったままだと、この取引自体を銀行に妨げられるからである。このようにして資産管理会社に自宅や自社株など、できれば収益を生み出す資産を入れ込むことが資産管理会社の使い方である。もっとも、資産管理会社に自宅を保有させるのが正しいのか、居宅に関する小規模宅地等の特例を使った方がいいのかなど、メリットデメリットを天秤にかけ、どちらが得なのかは事前によく考えておくべきである。

最後に資産管理会社の株主構成である。資産管理会社の株主は子供が一人っ子であれば特に問題ないが、子供が複数いた場合は争族の恐れに配慮する必要がある。例えば父である社長、長男、次男、長女のようなケースである。そのような場合は、資産管理会社の株式にも相続税が課税されるので、父は普通株を一株。残りの九九株（全体で一〇〇株だとして）は三人で均等に分ける。

しかし、この九九株は無議決権化する。普通株に付いている会社を運営する権利である議決権を取り除いてしまうのである。すると会社に意見することができない状況になるがそれで構わない。理由は父である社長が決めればいいわけである。一方で社長はきっちり遺言で「この普通株は死んだら長男に相続させる」など書いておくわけである。

そうすると、父が存命中は父が１００％の議決権（普通株一株）をもっている状態であり、子供は無議決権株なので口出しできない。父が死んだら長男などが遺言により、その唯一の普通株を引き継ぐ。そして長男が後継者としてその資産管理会社を継ぐことになるのである。

このような仕組みを導入している会社自体、非常に少ない。ほとんどの非上場企業は資産管理会社をただ、設立しただけで有効活用できていない、もしくは正しい使い方ができていないケースがほとんどではないだろうか。難易度としては決して高くない平易な種類株でさえ使いこなせていないのが現状の企業オーナーの実情と考えている。

資産管理会社※とは、何か事業を行うというより、資産を管理させることに特化した法人。一般的には、自分の配偶者や子供などに経営させることが多い。

○富裕層とはどのような人種か

野村総研の言う富裕層とは内実は様々で、定量的には世帯純金融資産一億円以上である。例えば「パワーカップル」のような年収が高い夫婦、「公務員で出世した人」、「大企業で出世した人」、「医師や弁護士などの士業」、「都心周辺に優良不動産を保有している地主」等、誰でもお金持ちだなと思う人から普通の人まで、さまざまな業種の人たちがいてかなり幅広い。

しかし「金融資産が五億円以上」の超富裕層（野村総研の定義）になると、数十億レベルの土地を持つ大規模な地主や、成功した企業経営者、芸能人スポーツ選手などである。野村総研の定義には存在しないが一〇億円以上の世帯純金融資産になってくると優良会社を売却した人、上場企業の創業者など本当に限られた業種になってくる。

少し横道にそれてしまうが、富裕層の特徴について触れてみたい。一点目はメディアでよくある「お金持ちは質素である！」とかの記事を見かけるたびに、そのようなラベリングは間違っていると考える。理由は、その富裕層はどのタイミングで大金を手にしたか？でその人の趣味嗜好、考え方が違うからである。誰でも最初はまとまったお金ができたら服や時計や車など、世間一般的な高価なものにお金を使う傾向にある。しかし、浪費をするうちに、「お金はたくさんあっても所詮紙切れ」という思考に変化していく。

こうして多くの富裕層が達観していく。そこで老成してきた金持ちに出会えば当然、質素という印象になるし、そうじゃない初期段階の人に出会ったら成金と言われてしまう（稀に例外もあるが）。よって「富裕層は成金」だと「質素」だの外野が言うことは何の意味もない。

二点目は日本は欧米ほどではないが、ある程度階層社会が進んでいるということも富裕層を通じて感じる。例えば会社を売却した社長は同じような人たちと日々を過ごしているし、現役の経営者は売り上げ規模で同じような規模の経営者同士で飲んだり友人関係を広げている。会社員は会社員と仲が良いし、地主は地主と仲が良い。医者は医者同士仲が良い。これは共通言語があるということであろうし、結局は「似たもの同士」なのであろう。

○あなたも金融資産一億円ある

階層化が進んでいるとはいえ、いくらでもチャンスがある。野村総研のリサーチによると世帯純金融資産一億円以上を富裕層、五億円以上を超富裕層と定義しているとは前述した。皆さんは世帯純金融資産一億以上というのはうちに関係する話ではないな……と思うかもしれない。実はそうとも言い切れない。それは退職金と不動産が理由である。

上場企業のサラリーマンや公務員であれば、退職金が一千万単位になるし、その中でも出世して役員や上級管理職になった場合、その金額はさらに上がる。業種にもよるが製薬や金融系や独占的な市場を支配する商品を持っている大企業であれば、一億まで行かずとも五〇〇〇万以上の退職金が出る人も多い。そしてストックオプションがあれば、更に二回目の退職金に相当するようなお金を手にする人もいる。

もちろんそれ以外でも親が都内に自宅不動産を持っていた場合、それを相続して売却したら二三区内であれば五〇〇〇万円以上、場合によっては一億円を超えることも多々ある。

しかし、日本人は「金融資産」というと、定期預金を金融資産から除いて話をしたり、有価証券を除いて考えていて、「あ、うちは世帯純金融資産一億円はありません」と誤認識しがちである。

金融資産とは現預金や上場有価証券はもちろんのこと、生命保険の解約返戻金や定期預金も含まれる。また上記の通り親が近い将来、亡くなった場合、自宅を現金化したら当然、それも現金だ。

前述の野村総研によると、なんと一四八・五万世帯（富裕層一三九・五万世帯プラス超富裕層九万世帯）が富裕層、超富裕層に該当する。その世帯数は今後、少子化により大幅に増えることはないだろうが、一世帯あたりの子供がせいぜい一〜二人なのでこの世帯数で推移するだろう。統計局によると一世帯当たりの平均人数が二・六人ということなので一四八・五万世帯×二・六人＝三八六万人が富裕層以上ということになる。つまり日本の約３％強程度が富裕層にあたる。

しかし、「親の自宅の不動産売ったら、一億円以上になること」や「退職金をもらうことで世帯純金融資産一億円以上になる人」はキチンと資産保全ができていれば富裕層になるし、儲かっている非上場企業の経営者は会社を売却した場合、資産が数億円にもなるケースもあるし、退職金を三億円取る予定の非上場企業経営者など、多々あるので、そういった予定の方はぜひ、本書をきちんと読んでほしいと思う。意外と日本人はみんな、自身のお金のことに気づいていないし、自分が世帯純金融資産一億円以上の富裕層であること、もしくは富裕層予備軍であることに気付いていない人が多い。

○デフレからインフレの時代に

いよいよ三〇年続いたデフレの時代からインフレの時代へ変わり、こういった多くの資産を抱えているにもかかわらず、お金をどう有効活用するかよく考えず散財してしまう方は多い。たとえば、自宅を売却した一億円前後の資金をもとに「外車を買った」「子供に贈与した」「自宅を建て替えた」「マンションを買った」等でキレイにモノに変わってしまい、金融資産を使い切ってしまうケースもよく見る。

もちろん安全だからという理由でただの貯金にしたまま、ということもよくある。しかしまとまった資金が入ったときこそ、運用して複利の効果を生み出す好機であるということを認識すべきである。

かのアインシュタインの名言に「人類の最大の発明は複利である。知っている人は複利で稼ぎ、知らない人は利息を払う」という言葉がある。まさにこの言葉通りだと思う。

日本は長らくデフレだったので、預金のままで良かった。アインシュタインの言葉で言うと「人類最大の発明である複利を知らない人でも利息を払う必要がなかった」ということであろう。しかし今、インフレへ時代が変わったのであれば、複利で稼ぐことは必須である。詳細はまた後述するが、一〇万円を税引き後4％で運用できたとする（5％で運用できた場合、20％税金として源泉徴収されたと仮定し4％とする）。一〇年複利で一四万八〇〇〇円になるが、これが一億円だと一億四八〇〇万円となる。

同じ運用成果だったとしても元金が大きければ大きいほど利益も大きいという当たり前だが非常に重要な結論になる。一〇万円の運用に成功しても、お小遣い程度の利益しか生み出さないが、同じ利回りでも一億円では四八〇〇万円にもなるわけだ。

そこで我々は元金を大きく運用しなければならず、その大きな元金を手にするターニングポイントが「相続で資産を得たとき」や、「退職をしたとき」になるというわけだ。そこで着実にその大きな元手をきっかけに複利の効果で世帯純金融資産一億円を確実なものとするというのが本書で主張したいことである。儲かっている会社の社長やＩＰＯした社長は放っておいても金融機関、不動産業者等が営業してくるので、若くして成功すればするほど、投資の経験値を積むし、失敗しても、役員報酬などの収入が継続的に大きく入ってくる立場であることが多いので、失敗してもいくらでも取り返すことができる。

ちなみに世界最大の機関投資家とも呼ばれる日本の年金を運用する機関であるＧＰＩＦ[※]（「Government Pension Investment Fund」の略称。年金積立金管理運用独立行政法人のこと）は債券と株式に分散投資し、発足以来の約二〇年超で年利４％弱の運用に成功している。この４％前後というのは我々が想定したい運用のベンチマークと言える。もちろんこの分散投資の資産配分が今のインフレ期に合致しているかというとそうではない。他の手法を取るべきだ。それはまた後述する。

○退職金三〇〇〇万円がゼロになった話

投資に関する失敗が何回できるかという話をしたいと思う。ある士業の先生で数十名の従業員を擁する事務所経営者の四〇代の男性がいた。彼は三〇代で商売繁盛で一億強の現金を手にした。最初、彼は外資系の金融機関に営業されるままに仕組債に三〇〇〇万円を投資。リーマンショックでほぼゼロになった。

しかし、彼の年収自体、当時数千万単位であったし、他にも元金がまだ一億弱残っていた。もう人に言われるままに投資するのはやめようと、彼特有の「研究心」で、自分で勉強したり試行錯誤しながら、本業の収入と資産運用の結果、一〇年経った現在は超富裕層の仲間入りをしている。海外にも不動産を複数保有しており、働かなくとも不動産の賃料収入や配当収益などで暮らしており、完全に五〇歳前に現役を引退した。いわゆるＦＩＲＥである。仕事を引退しても株の配当、不動産の家賃収入、金融商品の利息等で資金全体は毎年雪だるま式に増え続けている。会社経営で成功した典型例と言える。

しかし、相続や退職者で富裕層になった人は相続がそう何回も続くわけでもないし、何度も退職金を受け取れるような人間は成功したプロ経営者や、超が付く高級官僚などの一部に限ると言えるだろう。よって、そう何回もないチャンスを有効活用するために、少なくとも、「投資で大失敗しないよう」に一千万単位のお金を手にする一度のチャンスを有効活用しなければいけない。

限られた好機をつかむという、まさに人生そのものなのである。

ところが多くの人は失敗ばかりしているのが現実だ。例えば、退職金が三〇〇〇万円入ってきた一部上場企業の会社員男性。着金した地方銀行の営業マンから自分の携帯に電話がかかってくる。その地銀の支店の個室にて退職金の運用提案を受ける。結果、地銀の子会社である証券会社経由で仕組債に退職金を全額投資して、虎の子の三〇〇〇万円がゼロになった……そんな事例も全国各地で存在する。

銀行や支店にもよるが、原則銀行は多額の資金が着金したその日のうちに「大きな資金が預金に入っていますが、この資金はなんですか？」と電話で聞いてくる。

銀行から自分の携帯電話にいきなり電話がかかってくるという経験はなかなかないし、「なにか悪いことしたかな？」とドキッとして、人の好い方は「親の自宅を売ったお金です」や「退職金です」と、素直に答えてしまう。「それでは一度銀行に相談に来てください。銀行印持って来てくださいね、土曜日もやっています」と金融機関から営業を受けると、「若干強引だな？」と思いつつも、「銀行さんだからまあいいか」と銀行の個別相談に行ってしまうのである。

そこで、保険・投資信託等、様々な金融商品を勧められるわけだ。熱心にかつ数時間にもわたって、時間の許す限り延々と銀行の提案を一方的に聞くことになる。こういった営業に慣れていない方は「よくわからないけど、銀行さんの言うことだから、まあ悪いようにはしないだろう」

ということで、家に帰りたさに、一旦持ち帰らず提案にのってしまう。「銀行印持ってきている
し、まあいいか」ということで印鑑を押すわけだ。こうして、投資と接点を持ち、金融機関の金
融商品販売勝利の方程式に組み込まれてしまうのだ。
　儲かっている経営者や医師や弁護士など士業の方は、前述の通り多大なフローが入ってくるの
で投資で失敗ができる。しかし準富裕層から富裕層になったりするような、相続をきっかけとす
る富裕層、退職金で富裕層になるような方はそうではないので失敗は許されない。しっかりと売
る側の論理をわかったうえで、千万単位の余裕資金と向き合う必要がある。要は失敗できないの
だ。失敗しないためにどうすればいいのか？　それは後述するのでしっかりと読み込んでほしい。
なるべくシンプルな誰でも取れる手法を選んで記している。

○アメリカでは一般の人が一億～二億円持っている

　最近の二～三〇代の人は米国株投資をしている人が多いと思う。では彼のアメリカはどういう
状況なのだろうか？　イメージしづらいが、アメリカでは普通の人が一億～二億円の金融資産を
退職時に保有している。理由は円安ということだけではなく、投資の積み立て制度にある。
　二〇歳から六〇歳まで働き、ＩＲＡ（一九七四年から開始されたＮＩＳＡのような制度）、４
０１Ｋ（一九七八年から始まった確定拠出年金、ｉＤｅＣｏのような制度）で毎月数万円ずつ給
料から積み立てる。結果、米国株の右肩上がりの上昇と相まって、退職時にそのような金融資産

になるのが当たり前で、富裕層だけの話ではなく、普通の会社員の金融資産が一億〜二億円なのである。

前述の通り、日本も一九九九年に一四〇〇兆円の家計金融資産が二〇二二年時点で二〇〇〇兆円台まで膨らんではいるものの、アメリカでは三五〇〇兆円から一京五〇〇〇兆円に激増しているのだ。これは皆が投資するから株も上がって、良好なスパイラルの結果、こうなったともいえる。

○富裕層の常識、20％の税金は安い

ここで、一旦富裕層がよく考える大きなお金が入ってきたときの税金の話をしたいと思う。不動産を売却したときなど、大きなお金が入ってきたとき、通常20％の税金が課税される。いざ、親の自宅を売却したときに入ってきた一億円に対する税金である二〇〇〇万円前後の税金を「これ、二〇〇〇万円なんて高い税金、払いたくないのですけど何とかなりませんか？」という相談だ。

しかし20％という税金は相対的に見て非常に安い。岸田首相が就任時に金融所得課税の増税（要は配当や利子所得の税金を20％から30％にしようとしたこと）を唱えた瞬間に銀行や証券業界から猛反発があったのだが、20％の税金というのはここ日本では非常に安い。例えば自宅不動産を売却したときなどは保有期間が五年超だと長期譲渡所得として20・３１５％の課税になる。

ところが、保有期間が五年以下だと「投資としての不動産」と考えられるのか39・63％の課税となる。私はこの20％という税金を目指すべき税率と考える。脱税ではなく、出口を予測しながら資産運用をしていくということである。これがタックスプランニングである。

所得税の最高税率は45％（住民税を加えると55％）、相続税は55％、法人税は33％（法人実効税率）である。所得税は住民税と合わせて55％なので地主の多くは法人化する。高い税率から安い税率に移行したいということだ。

例えば、不動産収入がある人が個人事業という形でやっている場合、最高税率は45％であり、住民税を加えると55％である。しかしその不動産収入を法人の収益とすることができるならば、上記の通り法人税は33％にまで減るので55－33＝22％の税金が、毎年安くなるのである。これがタックスアービトラージ。

このように自身の税金の現状分析をしたうえで、合法的な税金対策は可能である。たとえば資産運用で22％の運用益を毎年出し続けることは相当至難の業であり、そんなことができる人がいたら、投資の神様ウォーレン・バフェットのように崇め奉られる存在になることができるだろう。しかし、22％のタックスプランニングは法人に収益を移すだけなので難しいものではない。つまりルールがあるものの対策は可能であり、資産運用のようなフラクタルなもの、ルールがないものので常に成功し続けることは、非常に難しいので、まずはルールがあるものから対策を取るというのが鉄板と言えるだろう。

○退職所得は超お得

ここでもう少し税金のメリットについて考えてみたい。我々の所得に関する税金の主なものは所得税である。所得税とは「個人の所得に対して発生する税金」であり、この所得税が課税される所得区分は一〇存在する。利子所得、配当所得、不動産所得、給与所得、退職所得、一時所得、事業所得、譲渡所得、山林所得、雑所得である。この中で一番税金が安くなるように設定されているのが、退職所得である。例えると「超大盤振る舞い」という扱いである。理由は退職所得に課税される数式にある。結論を先に言うと、退職所得を大事にしてほしいということである。

（退職所得－退職所得控除）×1／2×税率

となるのだ。ポイントは二つ。一つ目は×1／2となっているので所得を半分にしたうえで課税されるということ。つまり所得が一〇〇ならそれを半分である五〇にしてから課税されるということなのだ。他の所得は所得×税率という考えが基本であるので、

（退職所得－退職所得控除）×1／2×税率

の1／2がいかに税金が安くなるかがわかると思う。

もう一つは退職所得控除である。専門用語はなるべく使わないをモットーにこの本を作成して

勤続年数	退職所得控除額
20年以下	40万円×勤続年数 ※80万円に満たない場合、80万円
20年超	800万円＋70万円×（勤続年数－20年）

いるのでなるべく漢字四文字以上は厳禁と考えているのだが、これは漢字六文字。ゴメンナサイとしか言いようがないが、「退職所得控除」は平たくいうと「退職所得からマイナスしてくれる」ものだ。「控除＝マイナス」であり退職所得からマイナスしてくれる経費のようなものだと考えてもらいたい。その退職所得控除は二〇二三年末の税制改正で一部縮小される議論があったが、なんとか二〇二四年も残った。いずれにせよ、変更案自体も「超大盤振る舞い」から「大盤振る舞い」なので十分税金が低くなるように設計されている。この退職所得控除は勤続年数によって変わるのだが、上の表となる。

※勤続年数の一年未満の数カ月の端数は切り上げて一年としてカウント

例えば、大企業の会社員の退職金が五〇〇〇万円、勤続年数が四〇年と仮定する。すると、

退職所得控除は800万円＋70万円×（40－20年）＝2200万円となる。

（退職金5000万円－退職所得控除2200万円）×1／2×税率＝1400万円×税率となる。

つまり退職金を五〇〇〇万円もらっても、実際課税されるのは一四〇〇万円であり1／3以下にしか課税されない。課税される所得金額が九〇〇万超一七九

九万円以下のゾーンなので、

1400万円×33％－153万6000＝308万円の課税となる。

つまり五〇〇〇万円もらっても税金は三〇八万円、実質負担は6・168％であり、前述の「税金は20％以下は安い」という基準からすると十分合格点であり、更に消費税よりも安いということになる。

繰り返しになるが、

（退職所得－退職所得控除）×1／2×税率

これは、退職金から退職所得控除ということで経費化してくれるわ、1／2の半分になるわで、とてもメリットが大きいのがこの退職所得である。皆さんが退職金をもらえるような立場であればこれは大事にしてほしいし、会社経営者のような立場であれば、退職金のメリットを最大限生かせるような働き方、役員報酬の取り方を事前に計画的に練っていくべきである。これが資産を残すため、資産を貯めるために非常に大事な守りの部分の話である。

十分に退職金のメリットはわかっていただいたと思うが、更にこの退職金のメリットのダメ押しがある。退職金は社会保険料の対象外であるというメリットもついてくる（労働者であれば、労働保険料もかからない）。通常、社会保険料は「給料から天引きされているので、なんとなく一割強？」という認識はあると思う。その社会保険料が退職金には賦課されない（マイナスされない）のだ。先ほどの退職金の例であれば、退職金は五〇〇〇万円に社会保険料が賦課されず二八一万の課税のみなので四七一九万も手元に残るという計算になる。ご自身で退職金額を決められる立場である企業経営者や千万単位で退職金をもらえる大企業の会社員はこの退職金のメリットを十分に受け、その後の資産運用に活かすべきである。

○金を小口で売却すればバレないはバレます

税金という守りの話をしたところでもう一つ。金（バーなどの金地金）を売却したときの所得税についてである。五年未満は短期譲渡所得であり、五年以上は長期譲渡所得となる。今から五年前である二〇一八年に一キロ金に投資した場合、四三〇万円程度で購入することができた。二〇二四年現在、売れば一二〇〇万円になるので、【1200−430−50（特別控除）】×1／2＝360万がほかの所得と合算され課税される。

その方の全体の所得税率が20％なら七二万円で、40％なら一四四万円という金売却の税金になる。

よって実際のところは七七〇万儲かっても二割程度の税金で収まるのでまあまあ安い。しかし売却が五年以内であると上記の1／2が無くなり、所得税率20％なら一四四万、40％なら二八八万になるので一気に実質の税率が20％どころではなく、遥かに高くなってしまう。みなさんも20％以下にするように短期ではなくある程度長期の投資計画を立てるべきである。投資する前に、すでに出口を考える思考というのは非常に重要である。多くの方が出口を考えずに「なんとなく下がったから」等の理由のみで投資にチャレンジしてしまう。

一方で、富裕層によくある「金は隠せるから金の現物投資でいいじゃないか」という人も多い。たしかに親が亡くなって、自宅の押し入れを整理していたら、スーパーのビニール袋が出てきて、すごく重い。なんだこれは？と開けてみたら、金の現物のバーが何キロも入っていた、というような話も現実にある。

こういったものを発見しても、相続申告時に申告書にこの事実を記載せず、「なかったこと」にしてしまうと、次世代が困ったことになる。例えば相続で親が持っていた金の延べ棒が何本かあったとする。数えてみたら、一キロ一二〇〇万円として、四五〇〇万円分、三・七五キロもあった。

相続財産が仮に三億（配偶者なし、子供一人の場合）だとして母が死んで子供がそのスーパーの袋に入っている金の現物を発見した場合、金を入れる前の相続税が九一八〇万。途中で出てきた金を相続財産に加えると、相続税は一億一二五〇万円になる。二〇七〇万円も相続税が増加するというわけだ。それも困るのでこのまま相続財産に金は入れずになかったことにして数年後。

その子供が改めて、金を売ろうとした場合、まともな業者であれば、売却時に売り主の本人確認などを実施する。結局のところ売却したときに自分の情報がバレるし、そのときにどのような経路で金を取得したのかの経緯も書くことになる。結局、売るに売れなくなるというわけなのだ。

以前は海外に行って売却したり等、絶対に税金払いたくない精神に則ったツワモノもいたわけだが、最近は海外も日本以上にＫＹＣ（know your customer）と言う本人確認がマネーロンダリング対策のため厳しくなっている。よってそもそも持ち出せるかという問題もあるし、そのゴールドを換金すること自体非常に難しい状況なのである。よって、「金の現物にしたから相続税対策は大丈夫」は大丈夫ではない。

○富裕層は浪費せずに投資する

先ほど、富裕層の多くは投資の入口のときに出口戦略の税金を考慮しており、20％の税金は安いと書いた。もう一つ、今度はお金の使い方の心得について記したい。それは「富裕層のお金の使い方は最低一石二鳥、一石三鳥を狙う」傾向が強いと考える。例えば一億パッとお金が手に入ったりするとする、そうすると一般の方は、「そんな大きいお金が入ってきてうれしい、前から欲しかった憧れの物を買おう」と、マンションを買ったり、高い車を買ったり、高級時計を買ったりする。しかしこれは一石一鳥であり、ただの自己満足である（もちろん自己満足は重要であり、お金を増やしたいという欲がなければこれも幸せだ）。お金持ちが銀座のクラブのホステスにマンションを買ってあげた、とかもよくある話である。しかしこれはお金の使い方としては一石一鳥である。

お金の使い方をわかっている人はそのような自己満足の投資はしない。マンションを買うくらいであれば、愛人のために法人を設立し、その法人でビルを買ってあげる。そしてそのビルの管理を愛人にやらせる。その愛人はそのビルの一部屋に住む。そうすると家賃収入が入ってくるし管理は彼女にやらせるので手間が省ける。そして、値上がり益を取るわけだ。

更に、儲かっている会社の経営者であれば、自社株評価を下げるために不動産を買うという目的でもいいだろう。その場合、自分に関わってくれた人の住居だけではなく、家賃収入、値上がり、自社株低減効果の一石三鳥四鳥である。

スポーツ選手のスポンサー活動をする富裕層や企業経営者も多いが、タニマチになるだけであればそのスポーツ選手の支援だけだが、そこに自社の宣伝の効果やイメージアップに繋がるのであればそれも広告費として効果が出てくる。一石二鳥のお金の使い方だ。

私自身も現代アートが好きで少ないながらもコレクションをしているが、諸先輩のコレクターの方たちは、「鑑賞して楽しみ、話題にして楽しみ、値上がりを楽しむ」という点で一石三鳥でもあると考えている。場合によってはそのコレクター同士の中で友人関係や仕事仲間が広がることもあるだろう。

ピカソやゴッホなど、過去の偉大な作家はすでに評価が確立されている。しかし現代アートの場合、生きている作家の支援にもなり、生きている人に活きたお金を使うことになり、それの値段が上がってくれれば、なお良しである。ピカソを買ってもピカソには一円も入らない。

○株か？　不動産か？

それでは具体的な投資対象の話もしてみたい。資産運用の伝統的ツートップともいえる、不動産と株。どちらがいいのか？という質問はよく相談される話だ。そこで出口については詳しく後述しているが、投資対象としてはどちらが良いのだろうか。結論は投資家にとっての「向き不向き」があるが、以下に比べている。

まず資金効率について。不動産はレバレッジが大体五倍程度（借り方の信用力次第ではあるが）になる。つまり二〇の自己資金で八〇借りて一〇〇の不動産を買うことができる。一方で株は信用取引で三・三倍程度、ＦＸやＣＦＤなどでは五倍〜二〇倍程度にすることができる。資金効率は株などの金融商品の方が資金効率がいいのがわかるだろう。

第二に流動性、交換のし易さについて、である。株式に関しては東証プレミア市場（旧東証一部）であれば、取引所の営業時間内であればいつでも売買できる。一方、不動産は相対取引なので売買は思い立ったが吉日で即売り買いすることが難しい。また不動産は後述するがどこの物件でも買えるものではなく、基本的には同じ物件は二つない。一方で株式は同銘柄が複数存在しておりトヨタの発行済み株式数はなんと一六〇億株もある。よって同じものがない不動産と有価証券等の金融商品は大きく異なる。

	不動産	株式投資などの金融投資
レバレッジ	５倍	最大20倍
取引	相対	原則いつでも売買可
選択肢	限定的	ほぼ無限
税金	高い	20％
売買方法	対面	スマホ

そして第三にコスト面。ご存じの通り、不動産の場合通常３％が売りと買いで別々に手数料が発生する反面、証券はインターネット証券に代表されるように売買手数料がほぼ無料となっている。投資信託等でさえ、入口の手数料は限りなく安くなっている。

このような点から考えると株式の方が投資家にとっては遥かに優位性が高いが、実際は不動産に比べて株式で大儲けをし続けた人が意外と少ない。その理由は、「売買がしやすい反面、万が一上昇したときに売却したくなる誘惑に抗えない」からである。スマホでピピッと売買できるがゆえに、気が付いたら数十パーセント上昇していた、となれば思わず「ちょうど欲しいものがあったから」という理由で売却してしまうようなことが頻繁に起こり得る。

しかし不動産は売却するのもひと手間だ。まずは買い手を探さないといけないし、業者と打ち合わせもしなければいけない。スマホで自宅のソファで寝転がりながらピピッと売却できるものではない。必然的に一度不動産を購入したらよほどのことがない限り数年、場合によっては数十年保有することになる。すると結果的に家賃収入も含めると売却したときに二倍とかになっていることがある。株は一〇倍になる可能性のあるものだが、証券会社の担当者含めて自分の心理や手軽さも含めて、「なかなか実際はそうさせてもらえない」というものなのである。

また、株の配当は年に一回程度だが、不動産は毎月賃料収入が入ってくる。よって「売却したら毎月の賃料収入が無くなってしまう」ということで売却をためらうことで結果的に長期の資産運用に成功するということが起こりえるのだ。よって資産を築くという点で言えば株と不動産にはそれぞれのメリットデメリットがあり、個人的には両方ともバランスよく持つべきであると考えている。

○インフレ時代の投資九ヵ条

「お金にも働いてもらおうと思って運用したけど、結局は一番本業が儲かったよね」というのがデフレ期の成功した富裕層、とくに経営者の多くが言う言葉だったが、インフレの時代は必ずしもそうでもないと考える。資産運用に熱中して本業がおろそかになるのは論外だが、お金にも働いてもらう必要はある。

特に、ここ数年の大きな変化としては、暗号資産で何百倍になった、海外でSP500やナスダック銘柄を買って放置していたら何倍にもなった、等の今までにはないパターンが聞かれるようになった。ここで共通するのは買って一〇年などの比較的長い時間かけて「放置しながら資産を築いた」というケースだ。そこでインフレ時代において投資をするに際しての心構えを九に絞った。以下の法則九ヵ条を資産運用時の心構えとして役立ててもらえたらと思う。

①リッチマンになりたければ孤独に耐えろ
②運用は勉強したら必ず儲かるものではない
③含み損が気になるようであればその投資額は過大
④お金持ちだから特別な投資があるわけではない
⑤日本は選択肢が多い
⑥高齢になって投機は危険。若いうちは投機もＯＫ
⑦美味しい投資話には裏がある（国策に例外あり）
⑧金融機関は運用のプロではなく、商品販売のプロ
⑨メディアのマーケット評は後付け

○リッチマンになりたければ孤独に耐えろ

まず①を見ていこう。これは投資の格言としては非常に有名な言葉である。日本では「人の行く裏に道あり花の山」と表現される。投資家は、群集心理で動きがちだが、それでは大きな成功は得られないということであり、むしろ他人とは反対のことをやった方が、うまくいく場合が多いということだ。大勢に順応すれば、確かに危険は少ないし、なんとなく右に倣えで安心だし、

事なかれ主義で何事によらず逆らわないのが世渡りの平均像ではある。

しかし、この格言は人生の成功者は誰もやらないことを黙々とやってきた人たちであり、欧米では「リッチマンになりたければ孤独に耐えろ」と教える。

株式などの相場は、上昇ばかりでもなければ、下落ばかりが続くこともない。どこかで転機を迎える。その転機を、どうしたらつかめるか。環境や材料から読み取るのは、大切なことだが、大勢があまりにも一方へ偏り過ぎたときなどには、この格言を思い出すべきだと思う。

なぜ、メジャーな投資信託（つまり残高が大きいもの）が儲からないかというと、「上がりそうな投資信託を作っているのではなく、売りやすい投資信託を作っているから」なのだ。よって、多くの人が買いたいと思わせる投資テーマであるわけで、まさに大衆と同じ方向性である。

リーマンショックのとき、ウォーレン・バフェットがゴールドマン・サックスはじめ、大きく下がった会社の株を買った。あのときは「主要な金融機関は全部潰れるのではないか」と思わせるような、とんでもない悲壮感が漂っていた。もちろんリーマンショック時の安値買いで失敗した野村証券のような買い手（野村證券の欧州リーマン買収などが買収失敗の良い例）もいるが、少なくとも大衆と同じ方向を見て安心するようであれば投資は向いていないと言える。

○運用は勉強したら必ず儲かるものではない

顧客と面談しているとよく「わかりました、ではもう少し投資について勉強してみますね」という言葉を頂く。しかし、投資が難しいのは勉強したら必ず儲かるわけでもないし、学生時代に行った勉強と異なり、「投資は正解がない問題」である。この二つを肝に銘じたうえで、勉強すべきと考えている。「正解がない問題」というのはどこで切り取るかによって儲かることもあれば、儲からないこともあるからだ。

皆さんご存じの通り、日経平均株価の五〇年近いチャートを見ると上昇することもあれば下落することもある。一九九〇年代に三万五〇〇〇円以上で日経平均株価を買った人は三〇年以上も塩漬けになってしまった。途中で心折れて売却した人も多いだろう。一方で我慢して保有した人は15％程度上昇している。一九九〇年代からの一〇年で切り取ると儲からないものであり、一九九〇年代から二〇年で切り取るとこれも儲からないもの。一九九〇年代から三〇年で切り取ると儲かるものになる。つまりどこで切り取るかによって儲かる儲からないは全然異なるのである。

また、勉強時間に比例して投資の能力が付くものでもない。例えば数多く出版される投資本も「投資で成功したから書いた」というよりは「投資で儲かるというテーマの本を売って儲ける」というのが本当のところである。もしくは本当に一〇〇万人に一人いる投資の天才が自分の感覚的なノウハウで書いた本だったりするので「本に書いてあった通りやっても」儲からない。つまるところ、投資の本を一〇〇冊読んだら投資に成功するかというとそんなことはない。ただ、本によって得ることもあるので、投資の本を読むならば最近出版されたハウツー本ではなく、『ウォール街のランダム・ウォーカー』や後述するがジェレミー・シーゲルの『株式投資』をはじめとして、何十年も生き残ってきた投資本の定番を読むことをお勧めする。

そして、絶対儲かる手法というのはなく、投資の世界では市民権を得ている「テクニカル分析[※]」を重用される人も多いが、占いと大差がなく、当たることもあれば外れることもあり、それだけで資産を増やし続けることは不可能である。

テクニカル分析は言わば、「後ろ向きに歩くことの軌跡を分析するだけ」と考えた方がいい。メジャーなテクニカル分析は、「みなが見ているが故に、時としてテクニカル分析がピタッとハマるときはあるものの、それが永久に続くわけではない」。

また自動売買も同様で、投資や株や為替の値動きは「海の波」と同じで、波のパターンはある程度分析できるが全く同じ波がずっと続くことはない。一定の法則に従って勝ち続けることはあるが、どこかでその波は過去と違うパターンになって最初は勝率100%でも、最初の一敗をしたころから波が狂い始めるが、その法則で勝ち続けていたので次は勝つだろう、次は勝つだろうと思いながらすべての利益を吐き出すまで負け続けるということになりがちである。つまり九〇勝一〇敗の高確率で勝利し続けるも、最後の一〇敗ですべてを失うことが多い。

よって、投資に絶対はないというのは鉄則である。

[※]テクニカル分析とは、過去の値動きをチャートで表して、そこからトレンドやパターンなどを

分析し、今後の株価や為替などの値動きを予想するもの。

○含み損が気になるようであればその投資額は過大

これは投資に関して許容できるリスクは人それぞれという話で、例えば一〇〇万円持っている人が五〇万円の含み損になってしまった場合、かなり強烈なプレッシャーがかかると思う。資産が半分目減りしてしまったのだから。

ところが一億円保有している人が同じ五〇万円の投資による含み損であれば、全財産のたった０・５％でしかないので、五〇万の含み損は気にならないであろう。また、投資のベテランの含み損五〇〇万円と投資初心者が同じ五〇〇万円の含み損を抱えるのも違うと思う。投資にはアップダウンがあり、「そんなもんだ」と思える許容額は人それぞれ、財産額によって異なる。

含み損が気になり一日に何度もスマホを眺めて市況をチェックしているような状況になったとしたら、それはその人の現在の投資額が過大ということが言える。今すぐにでも投資額を少なくする（損切する）必要がある。

もちろん本書はデイトレードなどをお勧めする本ではないので、デイトレードの場合、もう少し異なる趣があると思う。本書はあくまで最低五年以上の中長期投資について書いている。人生はあくまで自分のためにあるもので、投資のためにあるものではなく、人生を有効に活用するためには時間とお金が必要なのは誰もが頷くところ。しかし含み損が気になって仕事が手につかないようであれば、本末転倒であり、投資に支配された人生になってしまう。投資に支配されないように自分で自分の時間を支配できる金額にすべきである。

私も過大な含み損を抱えていたときは、NY時間のマーケットが気になり、夜中に自然と目が覚めて、スマホでマーケットチェックをして、また寝る……なんてことをしていた。そんなことは自分の投資についても人生についてもまったくもってプラスにはならないのだ。

○お金持ちだから特別な投資があるわけではない

これもある意味間違った常識だと思うのが、お金持ち専用の特別な投資があるわけでもないし、実際お金持ちでも大きな投資損をしている人はたくさんいるものだ。某有名旅行会社の創業者が投資詐欺で億単位の損をしたという話も報道されているように、この手のお金持ち専用投資話に詐欺も多い。タチが悪いのは投資話を持ちかけている人自体も心底詐欺とは思わず信じ切っている場合もある。

一方でごく僅かだが、超富裕層など多額にお金がある人に、いい投資話が来ることもある。例えば不動産。不動産の売り情報は一番最初に不動産屋に入ってくるものである。その売り情報の中でも本当に掘り出し物のような不動産であれば、その売り情報を最初に獲得した不動産屋自身が、自分たちの自己資金で買ってしまう。

しかしそれが数億、数十億、数百億などの物件であれば、自社で買えないので、お金持ちや大会社にそういった物件情報を回すようになる。よって、購買力のある超富裕層や大手法人に話が集まるというものである。

不動産投資だけではなく、企業投資いわゆるM＆Aでも同じ理屈である。超富裕層に有利だというのは間違いないものの、それは極々一部の話である。前述の野村総研のリサーチだと世帯純金融資産五億円以上の超富裕層は九万世帯と推測されている。その超富裕層世帯のさらに超がつくような超超富裕層はトップ10％程度と思われるのでせいぜい三〇〇〇人程度の話である。

例えば未上場株投資といって所謂「プライベートエクイティ」という投資がある。海外のプライベートバンクは五億円以上預金できるようなお金持ちに対して上場前の会社に投資するプライベートエクイティファンドを用意しているが、今は一部のネット証券でもそういったものは購入できる。今後も規制緩和が進み一般の投資家でも買える時代がすぐそこまで来ている。

ヘッジファンドも同様。様々なヘッジファンドも二〇年前は一部のお金持ちに限定されていたが、今では通常の投資信託として日本の一般の証券会社で買えてしまう。もちろんコストの部分に関しては多少割高ではあるものの、特別なものではなくなったと考えていい。証券投資の分野に関しては手数料も含めかなり海外との商品力との差は無くなっている。

一部のプライベートバンクは高級感のあるオフィスと応接をそろえ「富裕層だけの特別な提案、オーダーメードの特別な債券」という立て付けで、今までデリバティブを内包する仕組債[※1]を富裕層に積極販売していた。

しかし、クレディショック[※2]でその種の債券のボロが出てしまった。結局のところお金持ちも、一般の方も投資商品に関して差はないと考えている。むしろお金持ちにはいろいろな人間がすり寄ってくるので騙されるリスクも必然的に高くなる。しかし後ほど申し上げるが、富裕層はやり直しがきくので失敗を糧に日々のインカムから再度投資に臨むことができる。そこが一般の人と違うところと言えるだろう。

オプション[※1]やスワップなどのデリバティブを組み込むことで、通常の債券とは異なる期間や利回りを実現する債券。一九八〇年代半ばから普及し始めており歴史は意外と古く最低投資金額が一千万円単位であり富裕層が高利回りにつられて購入することが多い。

二〇二三年[※2]クレディ・スイスがＵＢＳに救済買収されたことでその債券がデフォルト扱いとなり、投資額がゼロになってしまった事件

○大谷翔平の通訳もハマったギャンブルの罠

富裕層にはいろいろな人がすり寄ってくるが、二〇二四年大谷翔平選手の通訳により話題となった、ギャンブル依存の話を挟もうと思う。

富裕層や超富裕層になると、マカオやラスベガスなどでギャンブルをした日本人も多いだろう。日本でもふとしたきっかけで闇カジノなどに誘われることもあるかもしれない。「ギャンブルは病気だ」とか、「自己責任である」とか言うのは簡単であるが、こうしたギャンブルには、誰で

もハマる恐れがある。

近年は、ギャンブルそのものの中毒性だけでなく、こうした間口がより広く、手軽になっている点が要注意だ。私は、今後もこのような事件やギャンブル依存の問題はもっと増えていくと考えている。とくに富裕層になればなるほど、余剰資金が多く、資産運用の延長として手軽にハマる恐れがある。理由は二点。

まず第一にこうしたスポーツ賭博は、「推し活」の延長線上で誰もが手軽に始めやすい。現在、さまざまなスポーツでギャンブルが行われているがスポーツベット（スポーツベッティング）と呼ばれる。日本ではせいぜい競馬などの公営ギャンブルやスポーツ振興くじ（toto）程度だが、海外は異なる。例えば、サッカーは英プレミアリーグなどの海外リーグの試合だけでなく、サッカー日本代表戦なども賭博対象になっているし、日本語サイトでプロ野球賭博をやっているものもある。ラグビーやボクシングやＭＭＡと呼ばれる総合格闘技などのマイナースポーツもギャンブルの対象になっている。自分はギャンブルとは縁遠い、と思っている人も多いかもしれないが、自分の好きな選手やチームのグッズを買ったりして、熱心に応援しているスポーツファンは少なくないだろう。そのような人たちがスポーツベットの存在を知れば、いわば推し活の一種として、ギャンブルを始めるきっかけは十分にある。スポーツ選手やチームの推し活が、ギャンブルのドアオープン商品となり、スポーツベットから本格的なギャンブル依存症という病気になってしまう……そんな可能性は決して低くない。しかも海外で行われるスポーツの試合では、スポーツベットの会社（ブックメーカー）がスポンサーについていることがよくある。私は格闘技が趣味で、自分でやったり観戦したりするが、つい何年か前まで大みそかに地上波生放送されていた格闘技イベントも二〇二三年までブックメーカーが主要スポンサーの一つとなっていたはずだ（コンプライアンスが厳しいテレビ中継がなくなったので振り切ったのだろう）。実際、ブックメーカーのスポンサー料は、けた違いに高いと耳にする。

第二の理由は近年スマホと高速インターネット回線の普及によりスポーツベットに簡単に手を出せるようになったことも大きい。ブックメーカーは試合中に何らかの形で広告を出す。そしてオンラインでサービスを展開しているため、スマホ一つで、世界中の試合を観戦することができ、そうしたブックメーカーが提供するスポーツベットにもアクセスできる。

都内の闇カジノや、マカオやラスベガスなどの海外に行かなくても、手軽に手元でピピッとギャンブルに乗り出せてしまうのだ。これが現代のスポーツベットのハードルの低さ、そして怖さである。スマホ一つでギャンブルができるといえども、幸い日本では現時点で実際にブックメーカーに入金するのは簡単ではないのが救いとも言える。基本的には、アカウントを開設した上で、ブックメーカーの口座にドル送金するか、クレジットカード会社でのチャージが必要になる。日本のクレジット会社の多くはスポーツベットのブックメーカーにチャージができないような対応をしているので、日本でチャージをするのはかなりハードルが高いし、ドル送金も同様である。

チャージできなければギャンブルができないので、水際でギャンブルという底なし沼にハマらずにすむ。しかし今後は日本でも海外送金のハードルは下がるだろうし、暗号資産でのチャージももっと改善されるので注意をしたいところである。

筆者の顧客にも、ギャンブルはしなくても、証券投資や海外不動産投資、暗号資産詐欺などで大損したという人が一定数いる。大学時代に父親の死で二億円を相続した男性がいた。しかし、相続後、どこで聞きつけたのかその男性の高校時代の友人が首謀した投資詐欺に遭い、相続した資産がゼロになってしまった。また、闇カジノにハマり、もともと富裕層であったのにもかかわらず、一〇億円ほど他人のお金を使い込み、命を絶った人間もいる。繰り返しになるが、現在もスポーツベットは賭博で違法である。ギャンブルの底なし沼にハマらないようにしたい。

○日本は選択肢が多い

さて、本題に話を戻そう。日本にいるとなんとなく海外へのあこがれのようなものがあり、資産運用はじめ日本は遅れているというような気持ちや感覚があると思う。しかし日本は資産運用でも選択肢の多い国だと考えている。

日本にいれば世界中の美味しい料理が食べられるように、日本で世界中の投資ができる、手数料が一部の金融商品はやや高いという面はあるが、先ほどのＰＥ（プライベートエクイティ）投資もできるし、世界の個別銘柄に投資もできる。

オプション[※]にもインターネット証券で投資できるし日本だけでなく、海外の不動産投資もできる。また、国際電話することなくLINE電話で海外の生の情報も収集できる。この二〇年で海外の情報にアクセスする方法も非常に多岐にわたるようになった。

そして、何より日本は治安もいいし人種差別もしないいい国だ。しかし、残念ながら税金が高い。二〇年前と比べれば法人税は安くなったものの、資産税と言われる相続税は実質的に上がり、海外に移住する富裕層を防ぐ「出国税」も導入され、そのような点で富裕層には税金面で日本は不利というのは否定できない事実である。よって、仕事が海外でもできる状態であれば富裕層の一定数は海外を目指すのは当然の話でもある。また、元社長などの退職者なども海外に移り住むことが多い。

しかし、意外と住みづらいので、数年で海外から日本に戻ってくる方も多い。日本人を狙った日本人詐欺師も海外にいるし、トータルの海外移住のメリットとトータルのデメリットを差し引くと、有名人でなければ日本に居住し続けるということの方がメリットが大きいと考える（教育や何世代も後のことを考えると別であるが）。

節税に関してはある程度ルールがあるものなので、対策は取れる。実際ＩＰＯ系の超富裕層（一代でトントン拍子に東証グロースに上場してプライムまで駆け上がったような企業）が必ずと言っていいほど利用する財団スキームはその好例と言えるだろう。この辺の話は後述したいと思う。とにかく、海外はいいな、欧米はいいなという欧米信仰は間違いで、日本人自体が日本の良さに気づいていない、過小評価しているというのは投資に限らず、非常に感じるのである。

※選択権取引ともいう金融派生商品のデリバティブの一種。ある原資産について、あらかじめ決められた将来の一定の日または期間において、事前に定めた権利行使価格で取引できる権利のこと。

○高齢になって投機は危険。若いうちは投機もＯＫ

一般的によく知られている投機は危険という言葉（例えばＦＸは危険とか）だが、自分の裁量で何とかなる投機に関しては「ハサミと同じで使いよう」だと考えている。

高齢になってハサミを使ってケガすることもあるだろうが、きちんとその効能や危険性を理解したうえで、やればいい。

投機は、高齢者にとっては危険だし失敗したときにやり直しがきかない年齢ではやめた方がいい。例えばこんな事例がある。名古屋でフランチャイズの店舗を経営していたある六〇代の男性が、自分の体力の衰えを感じ、商売自体は儲かっているものの、親会社にフランチャイズの店舗を売却した。

その売却金額がおおよそ一億円弱。その男性は二〇一〇年にその売ったお金の大半で東京電力の株を購入。当時の電力株は公益株と言われ、値動きも優しく配当が相対的に高かったので、高齢者や退職金の運用先として人気の株であった。

ところが、二〇一一年に東日本大震災が発生。買った当時の株価は二〇〇〇円台だったが、一時二〇〇円割れまでになる。当然そのお金も一〇分の一以下になったわけだ。一つの銘柄を全力買いする。これは若いときにはできるし、うまくいったときの儲けは計り知れない。しかし、逆に損をしたときのダメージも大変なことになる。

要は投資自体は若いうちは投機も含めてリスクを取っていいのだが、挽回できない高齢になった場合は、リスクを抑えて運用すべきという教訓が残る。前述のクレディ・スイスの債券も同様である。退職金の大半をつぎ込んでゼロになるというのは、もう挽回できない。かといって過度にリスクを恐れて何もしないのは勿体ない話であり、インフレの時代、自身の資産と年齢と相談しながら、適切なリスクを取るべきである。


若い人は、たとえ二〇歳代、三〇歳代で資産運用に失敗したり、投機に失敗したりして資産が一〇分の一になったとしても、再度頑張って働き、投資に関する知識と経験を積むことでいくらでも挽回できる。よって、リスクを恐れずチャレンジしてほしい。逆に言うと若いうちに経験しておかないと歳を取ったとき、よほど運と時代が良くなければ投資に踏み出せない。投資も人生も同じということになろう。若いときの失敗はお金を出しても買えといったところであろうか。

○美味しい投資話には裏がある（国策に例外あり）

日本もついに資産運用の時代に入ったと思われるが、今後ますます投資話が自身の周りに巡ってくるだろう。一昔前は海外通貨、海外不動産、今なら暗号資産関連だろう。

詐欺話もあれば、投資対象自体は実在のものだったが、結果として大損するケースもあるだろう。エンジェル投資も「出資」したはいいが、実際にＩＰＯやバイアウトで出口を迎えることができるのはごく僅かである。

このような投資話を吟味して正しい判断を下すために一つの判断基準を持っていたい。それは「長期国債以上に儲かる話か否か」という視点である。日本の長期国債である一〇年債の利回りは０・９％（五月下旬時点）。これよりもプラスして５％以上高い利回りを出すような投資話は危ないと考えていいだろう。詐欺をする側からすれば「年利３％の投資なので投資してください！」と言ったところで、「美味しい話」にはならないのでカモが集まらない。

しかし「月利３％、年利36％の投資です！」と言われると、信用できなくてもちょっと投資しようか……と揺らいでしまう。なので法外な金利を出すところには簡単には投資しないということが肝要。その基準が長期国債にプラスすること５％以上か否か、だと考える（そもそもこのような本を手に取った読者の方はだまされる心配はないのであろうが）。

ただし、美味しい投資話には一つ例外がある。それは国策である。国策に乗っかった投資が儲かるのは事実。例えば二〇一一年グリーン投資減税をきっかけに爆発的に広がった太陽光発電の投資。太陽光というとなんだかインチキ臭い印象を持たれる方も多いが、実際これは儲かった時代があった。現在進行形の話ではなく、あくまで「終わった話」ではあるが、国策は儲かるということの事例として紹介したい。

二〇一一年の東日本大震災時に脱原発を民主党政権が掲げた。当時の菅直人首相がソフトバンクの孫正義からのアドバイスを受け、太陽光投資に関して即時償却（要は投資した金額がすべて損金になる）かつ、同時期に太陽光発電などの再生エネルギーに関して二〇年間固定の値段で電力会社が買い取るというＦＩＴを制定した。

これによって、太陽光投資は富裕層や儲かっている企業に大きく広がったわけだが、これにいち早く投資した人たちは相当儲かった。利回りで年間15％前後。例えば一億円を太陽光発電所に投資すると年間一五〇〇万円前後の売電収入が東京電力から入ってくる。六年強でペイするわけで、元本は戻ってこないが（二〇年間買い取ってくれるがその後は続けるか、設備そのものを廃棄するかの二択）、不動産と比べるとメリットが大きい投資であった。不動産よりも賃借人リスクが低い。賃借人に相当するのが電力会社と太陽なので、とりっぱぐれがないからである。しかも法律で太陽光などの再生可能エネルギーにより発電した電気は高値で固定されて二〇年間買取し続けることが定められていたためである。このような条件で投資しない理由はない。実際、日本の大手商社や欧米の外資もこぞって参入した。

固定買取の値段は当時一キロワット当たり四〇円前後。海外では売電収入がキロワット当たり一〇円前後だった国も多かったので大盤振る舞いであった。実際の電気代としてはキロワット当たり当時二五円前後だったため、投資家にとって破格の政策だったわけだ。二五円だったものをわざわざ法整備までして四〇円で買い取ってくれるのだ。このような国策に乗らないのは損だということである。

「太陽光＝なんか怪しい」といって投資をしなかった人も多かったが、先入観で損をした。「きちんと国の動きを見て、それが本当かどうかファクトチェックをし、陳腐化する前に投資をする変わり身の早さ」が投資には重要である。ちなみに今の太陽光投資に関しては現時点では大きなメリットはない。

○投資回収に二五年もかかる

ちなみに、二〇二五年以降、東京都をはじめ、新築住宅に太陽光の設置を義務化されることが決まっている。よって最近も太陽光に関するセールスを目にすることが多い。しかし、補助金目当てで設置することになるため、太陽光関連業者がかなり利ザヤを上乗せした値段で販売されている。現時点ではあまり自宅の太陽光はお勧めできない。しかし脱炭素の観点からは投資ではなく、環境のためと割り切っての設備投資なら致し方ないところだろう。

太陽光投資の今昔

時代	地域	購入した設備代	投資回収期間
2016年まで	全国	即時償却	７年前後
現在①	福島	即時償却	25年
現在②	福島以外全国	減価償却	10年後

新幹線に乗ると太陽光パネルを見ることも多い。また、グーグルマップで地図を眺めていると、地方になると太陽光パネルを見ることも多いと思う。どれもこのような儲かっている法人が国策に乗って投資していたものなのである。

このような太陽光投資の再来になるのではないかと個人的に考えているものがある。それが株式投資である。

なぜ株式投資が国策になりうるのか。それはコストプッシュインフレから始まるインフレの萌芽によりいよいよ三〇年に続いたデフレ脱却の芽が出ていることによる。政府や日本銀行はこのチャンスを逃すとデフレが再度続くこと、日本病の継続を恐れているため、様々な方向からこの脱デフレの外堀は埋まりつつあると考える。

まず第一に東証のＰＢＲ一倍割れ解消のアナウンスである。証券取引所が企業に対してそのような前代未聞の要請をするという異常さを考えるとその本気度も推して知るべし。

第二にロシア・ウクライナ戦争を機に、中国やロシアなどの権威主義国家から日本への工場移転が進みつつある。製造業の国内回帰である。もちろんこれらのことは様々な問題があり一筋縄ではいかないがＴＳＭＣの熊本工場など世界の工場の日本回帰による産業の空洞化の解消が進む。

そして第三に貯蓄から投資へアクセルを踏む、新ＮＩＳＡ（とｉＤｅＣｏ）である。もともとＮＩＳＡ自体は年間一〇〇万前後の「やってもやらなくてもどちらでもいいような小額」であったものが、今回の新ＮＩＳＡでは最大一八〇〇万まで枠が拡大され、年間最大三六〇万投資することができるようになる。従来の制度に比べて魅力的なものになった。

第四に歴史的な円安と原材料高である。円安になることで多くの輸入品の値段が上がる。そうすると当然のことながら物価が高くなりインフレ＝円の価値の減価は否応でも意識される。当然、なにかしらの投資をしなければどんどん目減りするのは自明。また一九九〇年代のバブル崩壊の記憶が鮮明に残っている今の五〇代以上の世代に比べ、今の消費の世代である四〇代以下はバブルの痛み自体を経験していないため、それほど大きく投資＝バブル崩壊＝損をするもの、という投資に関するネガティブイメージもなく、投資に一歩を踏み出すには抵抗のない世代と言えるだろう。

このような複合要因がほぼ同時期に重なり、最後に政府・日銀が背中を押すことでデフレ脱却となると考える。事実、二〇二四年三月にマイナス金利の解消とＹＣＣ※の取りやめなど、日銀の政策変更が決定された。

YCC※とはイールドカーブコントロールの略。金利を一定の水準にするために、中央銀行が国債やその他の金融資産を購入する金融政策。

○金融機関は運用のプロではなく、商品販売のプロ

このようなインフレ下に何で投資をすればいいのだろうか？　自分で勉強するのも大変だし、どこまで効果があるのかは疑問である。そこで、多くの方はアクセスしやすい金融機関に相談しようと思われる方が多いと思う。しかし、読者の方に注意してほしいのが、銀行や証券会社は資産運用のプロではなく、商品販売のプロだということだ。彼らはインサイダー取引の規制などがあり、積極的に証券投資ができない。

さらにインサイダー取引規制以外にも、金融機関内部の独自規制が別に存在している。ＮＩＳＡやｉＤｅＣｏ以外の運用には、上司の承認が必要だったり、かなり面倒な状況になっており、アクティブな資産運用をそもそもしていない人も多い。

つまり、ＮＩＳＡやｉＤｅＣｏなど毎月積み立てインデックス投資をしている程度であるわけだ。皆さんと同様の投資経験ということである。例えば、皆さんが魚屋に行って、「今日のいい魚何？」と聞いても「いや～、私自身、魚をあまり食べちゃいけないのでわからないです。私自身は魚のことはわかりませんが、店からはこれを勧めろと言われていますという状況なのである。資産運用のプロではないが、商品販売の売り方のトレーニングやロールプレイングをしっか

りやっている商品販売のプロということなのだ。説明は上手。しかし本当のところは魚を食べたことがない、好きではない人がやっている。

また、金融業界は基本的に毎月のノルマが重く、どうしてもお客様に動いてもらわないと手数料が発生しない業界である。今は預かり資産営業にシフトしつつあるが、それでもその色合いは強く残る。社風や業界風土は何十年も短期売買・回転売買の風土が長く、そう簡単にその風土が治るものではない。

実際、私が相談者のポートフォリオを見ていると感じるのは二〇二二年以降、普通に投資すれば30～40％儲かっているはずなのであるが（実際私自身の証券投資は40％増となっている）、対人営業の証券会社と取引している方は儲かっていない方が多い。全国規模の証券会社は営業マンも多く抱えているため、担当者はお客様に損をさせたとしても、異動させれば済むというのも構造的な問題だろう。

「前任の担当者はお客様に損をさせて申し訳ありませんでした、新担当者の僕は頑張ります！」という体だ。実際リーマンショック後には大きな人事異動が各証券会社であった。

よってお客様に生涯寄り添ってくれる相手かどうかが制度的に担保されているのかが重要なポイントだろう。

また、伴走者である金融機関の担当者は資産運用に関して株だけではなく、「債券、不動産、保険、商品、為替、デリバティブや暗号資産、その他さまざまなもの」があり金融商品だけではなく、広範な知識を持っている必要がある。金融業界の営業マンが周辺知識も含めて理解があるかどうか、相談時にチェックしてほしい。不動産に資産運用の相談をすれば不動産投資でしか解決してくれないし、金融機関に言ったら金融商品のみ。法規制的に致し方ない部分があるとはいえ、こういったクロスオーバーな深い知識が必要なのだ。しかも必ずこういった商品に投資したら出口に税金がかかるので税務の知識も必須である。入口から出口まで深い知識が必要であろう。

○メディアのマーケット評は後付け

資産運用をする上で大事なことは「メディアのマーケット表は後付け」ということだ。たとえばドル円が一日で一円円安になったとしよう、すると夕方のニュースや新聞報道で「日米金利差が意識され円安ドル高になった」などの報道がなされる。

しかし、為替自体はマーケット的にも一日何百兆円以上と取引されるものでそのプレーヤーも世界中にいるわけで、一日に誰が買って誰が売ったかどうか、その投資行為は毎日統計を取って分析をしているわけではないし、そんなことはできない。

しかし、夕方のニュースで「ドル円が一円円安になった理由はわかりません」とは言えないので、それぞれの記者や大手金融機関などに意見を求めてそのようなストーリーにしているだけの話。またすぐ明日になるので「昨日円安になった理由」なんて誰も覚えていない。今日何故円安になったか？を知りたいので昨日がなんであろうとマーケットは日々過ぎていく。

資産運用を始めて初期のころは、ついつい「なんで相場が動いたのか」ということをまじめに考えがちである。しかし、そんなことはどうでもいい話である。要は未来がどう動くかということ。よって過去の相場分析は後ろ向きであり、過去が分かっても前にどんな落とし穴があるかわかるわけではない。よって前述の通りテクニカル分析は大して効果がないということなのである。

実際、ロシア・ウクライナ戦争が始まった当初、メディアでは「SWIFT除外でロシア経済大打撃」[※1]という報道がされていたが、効果はなかったように見える。そのように誰もわからないことを説明しなければいけないのがニュースなのだ。ニュースを報道する側も大変なのだと寛容な気持ちで話半分で聞いておくという姿勢が大切で、そのような報道に一喜一憂すべきでない。

では、これらのことを踏まえ、我々はどうしたらいいのだろうか。後述するが、具体的には、

・世界の優良株に分散投資をすること。決して株・債券・その他に分散投資することはお勧めしない。

・いつ買うべきかを考えていると投資はできないので、毎月コツコツ積み立てる。そしてひたすら保有し続ける。

・売却したときの税金や転売という出口を考えて投資をする。

この三つである。もしくは、試行錯誤の上、自分なりの投資スタイルを持つしかない。「こうやれば必ず儲かる」という聖杯[※2]はない。

「どうやったら必ず幸せになれる？」方法と同じで、答えはない。しかしその人なりの幸せはあ

る。よってその人なりの投資法を確立するために、答えがないことを受け入れるか上記三つを守るかであろう。

今まで資産運用が難しかったのはデフレの時代だったからである。成長率も低いので、当然株価は上がらない。

しかし、今後はインフレの時代に入ったと考えればそこまで投資は難しくない。前述のアメリカの一般家庭のように、右肩上がりの株価投資にいつ飛び乗っても遅くないので、だまされたりしない限り、コツコツ積み立て長期投資をしてひたすら保有する。そうしていればインフレ下に関してはアメリカのように資産形成に成功しやすい時代に入ったと考えている。

※1 SWIFTとは国際銀行間通信協会の略称。国際銀行間の送金や決済に利用されるネットワーク等を提供する法人。

※2 どのようなマーケットでも継続的に儲け続ける手法のこと

第二章　加速度的に資産を増やす

〇一〇億円超えたら増やすより守りたい

資産運用のやり方やニードは資産規模によって異なる。とくに金融資産が一〇億円以上になってくると資産運用ニーズではなく、資産消滅防止ニーズが高まる。

例えば、南海トラフ地震や富士山の噴火や台湾有事などの地政学リスクの台頭による日本のハイパーインフレの懸念だ。

東大など一流大学出身者など学のある人に限ってこういった国家破綻系の話を信じ、資産家になればなるほどアメリカのトランプ信者ではないが、意外と陰謀論を信じている人が多い。とくにここ日本では高学歴富裕層にこういった話が好きな人が多い。これには理由が二つある。

まず、金融資産一〇億円以下に関しては、資産防衛ニーズより資産運用ニーズが高い。一億円を一〇億円にしたいというような、資産を増やしたいというニーズだ。一方で一〇億円以上の金融資産になると「これ以上資産運用して下手に減らすくらいなら堅実に利子がつけばいいや」といった考えになる。そして地政学リスク等でハイパーインフレになってしまって、せっかく築き上げた資産がゼロになるのが怖いという考えから、そういった地政学リスク、テールリスクを心配する傾向にある。

また、理由の二つ目としては情報がたくさん入ってくるというのもあるだろう。政府が本気で対策を取っている天変地異や戦争やテロというのは実際起きずに未然に防げているケースも星の数ほどあるだろう。

実際高級官僚で政府中枢にいた人が大学時代の同期だったりすると、そういったことを知っているだけに、「××が起きそうだ。大地震が来年起こるようだ」のような話を聞き、実際は起きないが、断片的に情報が入ってくるので、心配になるということだ。どちらが幸福かはわからないが、情報が入ってくる分、それが顕在化しなくても心配するというのは当然のことかもしれない。そのような理由により、資産消滅リスクの方が気になるのである。

ご存じの通り、マズローの五段階欲求では人間の欲求は「生理的欲求」、「安全の欲求」、「社会的欲求」、「承認欲求」、「自己実現欲求」とピラミッド状になっており、自己実現欲求が一番高位に来ているが、富裕層の場合、金銭増大欲求↓金銭防衛欲求↓健康長寿欲求の三段階になると個人的には考えている。

ただ長生きするのではなく、健康寿命をいかに長くするかということを考えている。

○日経を読み、モーニングサテライトを見よ

では、第一章の九ヵ条を頭に資産運用に取り組むとして、情報は何のツールで収拾すればいいのか。基本的には[※]bloombergなどの高額な有料ツールは必要ない。

ほぼタダ同然でアクセスできるもので十分である。

資産運用自体はお金の増減がストレスになる人の方が多いと思うので、多くの方は専業トレー

ダーを目指さない方がいいだろう。あくまで本業がありつつ、資産運用に集中することなく、余剰資金をおまけとして「お金に働いてもらう」ということで距離を取って資産運用すべきものである。

私の実感としては、多くの方が資産運用の相談をする相手を間違えていることが非常に多い。前述のように金融機関は金融商品を売ってはいるが、実際はＮＩＳＡ程度しか経験のない人が相談にのっていたり、ＦＰといっても保険商品しか詳しくない人がゴマンといる。むしろそのような人の方が多い。その人の得意分野はどこなのか、金融商品に詳しいのか、実際の経験はあるのか、等いくつか質問を投げかける必要がある。

そこで、資産運用に関してはなかなか頼れる相手がいないものの、ほぼ無料で頼れるものはある。それは、テレビ東京のモーニングサテライトを見ることと、日経新聞を読むことである。

まず、モーニングサテライトを見るべきというのは、最近の民放ニュースは芸能ネタ、社会ネタに時間を多く割いており資産運用に密接にリンクする経済の情報を得るには正直無駄がありすぎる。

一方でモーニングサテライトはそういった無駄な情報が少ない。現存する良心的なニュース番組だと思う。当然ＮＨＫも芸能ネタは無いが社会ネタが多すぎ経済情報という点でも劣っており、モーニングサテライトをお勧めする。

また、なぜ、新聞であれば日経新聞を読むのかというのは（他の読売、朝日なども併せて読んだ方がいいのではあるが）、モーニングサテライト同様、経済情報がやはり数多く掲載されているからである。もちろん記者の得意不得意があるので日経新聞に書いてあることがすべて正しいとは思わないし、前述の法則⑨の通り、マーケットの説明はすべて後付けというのはある。

しかし「大勢がこう考えているんだな」という点で参考になる。日経新聞をありがたがって読むというよりは「日本経済のメインストリームはこういう方向なんだな」という視点でより俯瞰的に物事を見るための指標と言える。

何事もそうだが人間は権威に弱い。テレビや新聞の言っていることがすべて正しいわけではなく、今回のジャニーズの騒動でもわかる通り、「偏向報道」は間違いなくある。資本主義であるがゆえにスポンサーなどに配慮せざるを得ないのがビジネスである。そういった点からも極力客観的に中道であるために使えるものは使っておくという点でこの二つは使えるものと考えている。

今の日本はインターネット社会なので、玉石混交ではあるがYOUTUBEも含めて意外と無料で取れる情報は多い。上記を踏まえつつ、独自に資産運用に距離感を持ってつかず離れずうまくやっていけるのではないかと思っている。
※世界の最新金融ニュース、マーケット情報、市場の分析や、マーケットデータ、などの金融情

報を提供しているメディア

○その資産構成、損してませんか？

今のご自身の資産構成を考えてもらいたい。多くの方が現時点で全部預金、ということになっているだろう。

一方で儲かっている非上場企業の経営者なら五～七割が自社株、地主なら九割ほどが不動産で残りは現預金。一般の会社員ならば九割預金という感じだろう。

まれに一億円以上の資産がある方で、ほとんどが保険になっていたり、全部定期預金などの預貯金になっているような人もいる。これは非常にもったいない。

現在、七〇代で人生の終盤に差しかかっている人は別だが、六〇代以下の世代であれば、このような資産構成は積極的に改善すべきである。特にもったいないなと考えるのは相続や親が資産家などで三〇～四〇代で一億以上の現預金がある場合は、改善すべきであり、もう少し資産運用に取り組む必要性が高い。

それは雪だるま理論が当てはまるからだ。雪だるま理論とは次の節できちんと説明するが、要は資産運用する元手が一億円あれば、年率4～5％の運用で生活費を賄うことができ、自然とお金が増えていく分岐点が一億円であるという話である。今までデフレの時代は資産運用そのものが非常に難しい時代であったが、これからはインフレの時代。資産運用で年間5％、税引き後4

％程度は十分狙える。

○一億円あれば自動的に膨らむ富

日本のデフレ期は資産運用そのものが難しい時代だったので、本業を頑張って資産を膨らませる必要があった。しかしインフレ期は本業だけでなく、資産運用によってお金が自動的に膨らんでいくことができる。それが雪だるま理論。一億円の現預金があった場合、雪だるまになりやすい。逆を言うと雪だるまになっていくのは最低一億円からである。銀行がちやほやしてくれるのも一億円以上と考える。証券会社も同様である。

例えば、こういう感じだ。一億円を元手に三億円借りて四億円の物件を買い、年間５％の収益を得る。諸経費を引いた利益は大体３％程度。そこで毎年三〇〇万程度の貯蓄ができる。すると本業の給料等で十分生活できるので、手つかずのお金がたまっていく。その雪だるまの元手が大体一億円かと思う。一〇万円では年間５％で運用できても数千円。一〇〇万円でも数万円。一〇〇〇万円でも数十万円。数十万円の資産運用益なら一ヵ月程度の生活費で終わる。しかし一億円になると一年間の生活費分くらいは運用で稼げるようになる。よって、加速度的に資産を増やすことができる元手が大体一億円であり、ここに到達できることで資産運用の本当の複利の効果を享受できるようになる。

例えば、三菱ＵＦＪ銀行のドル建て社債（最低投資金額が三〇〇〇万円程度）を買って５％のクーポンが毎年入ってくるので、この社債で5％で運用し、税引後4％で生活していくことができる。すると本業の給与などはすべて貯蓄（もしくは資産運用）できるので雪だるま式に増えていくのだ。よって余剰資金を一億円貯めることが先決であり、退職金や相続で得たお金を元手にするわけだ。せっかくの機会をムダ使いで終えてほしくないと考えている。

○自社株買いも株上昇要因

次に、株式を図る指標というものをお勉強としていくつか説明したい。これからの日本株の上昇要因の一つになるであろうと考えるのが自社株買いであるが、自社株買いとはいったい何か？

自社株買いとは、「企業が自ら発行した株を買い戻すこと」で、株価の上昇要因になるので株主にとってはメリットであると説明されることが多い。アメリカの中長期にわたる株価上昇の一因にも自社株買いがある。二〇二三年東証からのＰＢＲ一倍超え要請に対し、上場企業はいち早く一倍を超えなければならなくなった。そのためにはため込んだキャッシュで将来の布石である設備投資も重要だが、短期的には自社株買いをすることによって株価を上昇させＰＢＲ一倍を超すことを目指した。

では、株価を分解してみよう。株価はＥＰＳ×ＰＥＲに分解できる。

ＰＥＲとは株価収益率であり、ＥＰＳは一株あたり利益のことである。もう少しかみ砕いて説

株価＝PER×EPS
日経平均38.250円＝PER22.5倍×EPS1.700円

明すると、ＰＥＲとは「株価は何年分の利益を織り込んで値付けされているのか」ということであり、ＥＰＳとは「その会社が一株あたりいくらの利益を稼いでいるのか」を数値化したものである。

現在の日経平均株価全体ではＰＥＲが約一三・五倍でＥＰＳが約一七〇〇円なので、株価は２２・５×１７００＝３万８２５０円と説明ができる。東証のＰＢＲ一倍超え要請もあって、今後ますます米株のように自社株買いが起こることが想定されるので、日本株のＥＰＳのさらなる上昇が期待できる。

次に、割安か割高かの指標でもあるＰＥＲについてだが、今の日本株のＰＥＲは約一五倍であり、先進国平均が一八倍、アメリカが二三倍であり、日本の今の水準は良いところまで行っている。

二〇二三年の春までは日経平均のＰＥＲは一四倍だったが、ここ一年で二二倍まで上昇。一方ＥＰＳは二三〇〇円から一七〇〇円へ低下した。コロコロ変わる数値とはいえ、ＰＥＲ上昇による株高は期待感先行は否めず今年の更なる上昇はＥＰＳ上昇つまり業績の向上が必要である。ＰＥＲが二二倍で変わらず、ＥＰＳが一年前の二三〇〇円だと22×2300＝50600円となり、日経平均五万円という数値も算出できる。

〇一般層は入口を考え、富裕層は出口を考える

富裕層のベテラン投資家が必ずと言っていいほど口にする「出口」についても触れてみたい。
前述の通り上場有価証券の売却時には20・315％が課税されるが、売買手数料については世界的な引き下げ競争により、ネット証券を使えばほぼタダ同然。一方、不動産は保有期間によって異なり、五年超で20・315％、五年未満で39・63％もの譲渡税が課税される（個人の場合）。さらに購入時に不動産は仲介手数料が購入額の3％＋6万円かかるし、登録免許税や不動産取得税が合計で原則5％前後もかかる。

このように出口も踏まえて総合的に考えると、インフレ対策として投資をする場合に第一に選択すべきは上場有価証券だと考える。我々は、ついつい投資というと入口のことばかりで「何を買うか？　いつ買うか？」ばかり気になってしまうが、出口も考えながら投資をすることをおすすめしたいと思う。

富裕層は基本投資の入口時点で出口を考えて投資をしている。
とくにこの色合いが顕著なのが最近のベンチャー経営者と考える。会社を設立した時点で五年から一〇年程度で会社の出口を考え（そもそも出口を考えて起業をする人が以前にはいなかった）、ＩＰＯするのか、大企業にバイアウトするのかという目標と選択肢を持ちつつ、年間の売

り上げを二〇億〜三〇億円規模の会社を作っていく。そして設立から七年前後で出口を与えていく。そしてそれを何社も何度も繰り返していくうちに、自社のみではなく、自分の余剰資金なども使って、伸びそうな後輩の企業などに投資をしたりして、出口を見据えながら資産を雪だるまに増やしていく。これも一種の資産運用だ。起業という資産運用の一種であろう。

○投資、消費、浪費

世間一般にも言われているがお金の使い方には三種類ある。未来にお金を使うのが投資。現在の生活のために使うのが消費。そして結果的に何も生み出さないもの自己満足的なお金の使い方が浪費（もしくは明らかに意味のない投資もここでは浪費と言う）と考えている。先ほどの一石二鳥三鳥の話と同様である。

企業であれば儲かっているときに利益の半分は投資に回すと言われているが、今まではデフレだったので「キャッシュイズキング」であり、貯金していれば、それで良かった。しかし今後はインフレに伴い貨幣価値が減少してしまうので、投資をせざるを得ない。

一方で、相続や何かの臨時収入などで大きなお金を手にしても、遊興費に使う、車を買う、などで浪費に回す人が本当に多い。投資の配当収入を浪費に回すのは結構だが常に一石二鳥以上を狙っていくのがお金の正しい使い方であり、自分は投資しているのか、消費しているのか、浪費しているのか、常に自分の行動を意識すべきである。

とくにお金があると急によくわからない人がたくさん自分にすり寄ってくる。みな丁寧で自分の自尊心を満たしてくれる。しかしそのような人の甘言に騙され、提案されるものばかりに投資していると結果としてそれが浪費にしかならなかったということも多々ある。自分の自尊心は他人が満たしてくれるものではなく、難しいことではあるが、自分自身で満たすべきものであると思う。

○奨学金財団の秘密

富裕層の方からよく相談を受けるのが財団である。一〇〇億単位の不動産を保有する地主や上場企業の創業オーナーなどが選択することが多いスキームだ。

なぜ超富裕層と呼ばれる人が財団を選択するのか？　それは相続税対策になるからだ。

例えば、世の中によくある美術館や奨学金財団をイメージしてほしい。多くの場合、設立意図は節税である。資産が一〇〇億を超えるような資産家は相続税がおおよそ半分課税される。それを避けるために自分の名前を関した財団を作る。そこに寄贈したものは相続税が非課税となるわけだ。

しかし、その奨学金財団や美術財団を設立したはいいが、ランニングコストが年間最低数千万円はかかる。それをまかなうために社長が保有している自社の上場企業の株を利用する。その株を財団に寄贈することで財団はその上場企業の配当金を原資に財団を運営していくわけだ。そのようにして財団を回していくのである。自分の会社、もしくは自分の名前が財団に残るし、相続税対策にもなるし、社会貢献にもなるし、ということで設立するわけだ。

もっとも、財団の中でも奨学金財団が多いのには理由がある。それはランニングコストが安いからだ。例えば美術財団の場合、その美術品を展示・保管するための大きな建物がいる。その建築費ももちろんだが、空調を一定に保っておかないとその美術品が傷んでしまうので光熱費もたくさんかかる。もちろん展示スタッフもいる。しかし奨学金財団はそのような大掛かりな建物などは必要ないのでランニングコストは安い。ということで必然的に奨学金財団が増えるということなのだ。

○インフレ時代には金を買え

コロナ禍以来、私はインフレ対策として資産運用をすべき時代に移行したと度々申し上げているが、こと富裕層に関しては「お金が儲かりますので資産運用しましょう」ではなく、「インフレ下の資産ヘッジのために運用すべき」と考えている。

そこでインフレ下の資産運用としてこの三万九〇〇〇円前後の現水準でもやはり二つの理由から日本株が選択される事情を考えてみたい。

現在の日銀は持続的なインフレ目標としての２％達成を目標としているが、現時点で２％はもう既に達成している。しかし当局はこれを一時的なものと捉えており、持続的な賃金上昇が伴わないとデフレに逆戻りと考えている。

幸いにも二〇二四春闘は大幅なベースアップだったが、物価上昇（生活費の上昇）↓賃金上昇↓物価上昇（生活費の上昇）↓賃金上昇と「インフレサイクルが好循環するかどうかを見極めたい、今後の賃金上昇はストップがかかるかもしれないし金融緩和はやめられない」というところなのだろう。

事実植田日銀総裁は記者会見で自分の任期中は日本病を根絶するため、金融緩和を継続するという趣旨の発言を度々している。

日銀がどういう政策判断をしようが、現実問題として我々は物価上昇を日々実感している。

上記の通りインフレの好循環が継続するか否かは「賃金が上がるか次第」ではあるが、それはあくまで外部環境要因。自分でどうこうしようがない外部環境に頼るのではなく、インフレ対策として資産運用せざるを得ない。

実際、2％の物価上昇が一〇年続けば、一億円はタンス預金など無利子の場合、約八二〇〇万に減少してしまう。よって資産運用せざるを得ないというわけなのである。

インフレ対策とすると原則「株、不動産、金」や「株、債券、その他」などが従来のセオリー（今後は暗号資産や個人的にはアートなども選択肢に入ってくるとは思うが）。先ほどの株、不動産、金を全部買えばいいわけだがそれぞれに優劣があり、現実には一度にすべてそれらの投資対象を買うのは抵抗があるはず。

そこでまず金。金は一グラム一万円を超えたという値動きが最近でも話題になったが、そもそも金の値段はドルに連動しているということを投資初心者の方は知らない方も多い。今の金のドル建ての値段が一トロイオンス二三〇〇ドル。

つまり日本円の一グラム当たりの金価格は、

2300÷31・1035G×150円＝1万1091円（1g当たり）

ということになる。ドル円が円高になれば金価格は下落する可能性があり（意外と円高のときはドル建て金価格は上昇しがちだが）、為替水準が一五〇円前後でかつ高値更新をし続けている今の値段で「積極的に買えるのか」というと正直買いづらい。しかし有限であり、地政学リスクにも強い（上がる）という点ではいずれは持っておきたい資産だ。

ウクライナ侵攻やイランの核開発から始まる中東情勢、そして中国の台湾侵攻リスクなどこれからの世界はGゼロ（G-Zeroとは、アメリカを中心とする欧米の影響力の低下により主要先進国が指導力を失った状態の国際社会を表す言葉。国際政治における権力の空白を指す）時代の渦中におり、地政学リスクは高まるはず。

そのような点では金を保有すること自体はマストと考える。

あとはいつ買うかだけである。相場観がある人は待てばいいわけだし、ない人はつみたてで今すぐコツコツ買っていけばいい。

○右肩上がりの波に乗れ

日本の七〇年代やアメリカの今など、右肩上がりは基本すべてを解決する。理由は先ほど書いた資産運用の話と同じ。いつ飛び乗っても（買っても）基本的に儲かるから誰もが喜ぶ。日本の一九七〇～一九八〇年代も同じ。

みなが成長を実感し、明日は今日よりもきっとよくなる、という希望があれば何も問題がない。細かな不満・不安はあっても何とかなる。来年の給与はきっと上がる。会社も成長する。株価も上昇する。土地も上昇する。

しかし、バブルが膨らみ日本の金融当局がバブルの引き締めに失敗した結果、インフレの時代が終了し九〇年代から約三〇年デフレの時代が続くことになった。この三〇年は右肩上がりの時代ではないから、株はいつ飛び乗っても必ず儲かるわけではないので資産運用は非常に難しいし、給料は来年必ず良くなる保証もない。株も不動産も上がらない、むしろ下落する。

よって、経済学的には一番非効率な「貯蓄」にお金が回ってしまい、お金が循環しない状況になってしまう。よって経済成長が起きず、ますますデフレが進むという「お金が廻らないが故に成長を実感できないので能天気になれないし、やっぱり貯蓄しようとなって、企業にお金が回らず、企業も成長への投資ではなく内部留保を多くする」という負のスパイラルが長く続いた。

このデフレマインド自体はそう簡単に修正することはできない。しかし、日銀、政府、東証、外部要因によって日本病というデフレが根治されそうな時期に入ってきており、この波に乗り遅れる手はない。二〇一二年のときのアベノミクスのようにトントン拍子で上昇する日本株に乗り遅れ、二〇二〇年の米ナスダック銘柄の上昇に乗り遅れ、二〇二一年の円安一五〇円の波に乗り遅れて悔しい思いをしていたような人は、次は日本のインフレの波に乗っかってみるのが良いのではないだろうか。

たらればだが、アイフォンのＡＰＰＬＥ株はこの数年で四倍になった。ドル円はこの数年で一・五倍になった。日本株はこの一〇年で三倍になった。そんな話を聞いて、ちょっとこの波に飛び乗ってみたいと思う人は多いだろう。そのような人は、日銀が再注目しているキーポイントの日本の賃金上昇や物価上昇の指標をチェックしていけばいい。

新聞等で賃金上昇や物価上昇の記事を読んでもいいのだが、どうしても記者の主観や「政権批判」的なメディアのバイアスが入ってしまうので、できれば定点観測的に厚生労働省が発表する労働統計を見ることで賃金上昇の状態を見たり、総務省が毎月発表している消費者物価の数字をチェックすることをお勧めする。私含め、我々はエコノミストでも専業トレーダーでもないので、現時点ではこのあたりのデータと新聞やいくつかの経済番組を見れば十分である。また新聞の要約は記者のバイアスが入ってしまうため、極力、日銀総裁の議事要旨などの発言そのものを読むべきと考える。

○基本の投資用語

ここで投資の初歩の初歩でもあるが用語の解説を一部しておきたい。これらの言葉は有価証券投資をする上で、絶対に出てくる用語となる。

・株式

資金を出資した人に対して発行される証券であり現在は紙で発行されることはほぼない。企業に利益が出たときは保有数に応じて配当がもらえることもある。とくに上場企業はその傾向が強く非上場企業は配当が支払われないことが多い。

・債券

国や地方公共団体、企業が資金調達のために発行する証券で企業にとっては負債（つまり借金）という位置づけ。通常一定の利子が支払われる。株式に比べて値動きは優しい半面、日本国債の買い以外は中上級者向け。

・投資信託

多くの投資家が資金を出し合いプロに運用を任せる投資商品。ファンドとも呼ばれる。種類は様々であるが傾向的には初心者が投資をすることが多い。

公募投資信託[※]とは、銀行や証券会社など金融機関を通じて多くの投資家から募集する投資信託で、投資家は少額から出資することができる。金融機関で販売されている投資信託の多くは、この公募投資信託に分類される。解約や購入も営業日であれば行える一方で私募投信とは募集も解約も一定期間しかできずクローズドな投資信託。

・ＲＥＩＴ

不動産に投資する投資信託。証券取引所に上場しているものが多く、株式と同様に売買可能である。投資対象は不動産なるも不動産現物よりは金融商品と考えるべきもの。

・ＥＴＦ

上場投資信託の一種であり、市場全体の動きを示す指標などに連動する投資信託。上場株式と同様市場で売買できる。投資信託よりも手数料が安い場合が多いものの、種類は投資信託の方が圧倒的に多い。それでも近年、その種類は増えている。

・ファンドラップ

投資家が証券会社などにある程度まとまった資金（五〇〇〇万円以上くらい）の資産管理や運用を任せる金融サービス。手数料は相対的に高く、その運用実態はプロに任せるわけなのでなぜ増えたか、なぜ減ったのかという点で金融リテラシーが増すようなものではない。何も考えたくない人向けである。

○NISAは必須

二〇二四年新NISAが始まった。どちらかというとこの国の考えることは、今まで、どれも金額的に小さいもので、「こんな金額ではどうにもならないよ、焼け石に水だよ」と思うものが多かった。しかし今回に関しては異なる。というのは今までのNISAは小額だったものが中額くらいになった。新NISAのつみたて可能枠が最大一八〇〇万円に拡大され、それでも決して大きな金額ではないのかもしれないが、老後の足しの一つにはなるだろう。

まず、新NISAとは一言で説明すると旧NISAのつみたてNISAと一般NISAが合体したようなイメージで、事務的にもロールオーバー作業がなくなったので利便性が増した。

ポイントは

・非課税保有期間の無期限化（今まで非課税期間が五〜二〇年だった）

・口座開設期間の恒久化

・つみたて投資枠と、成長投資枠の併用が可能（今までつみたてと成長投資の併用は不可だった）

・年間投資枠の拡大（つみたて投資枠：年間一二〇万円、成長投資枠：年間二四〇万円、合計最大年間三六〇万円まで投資が可能）、今まではつみたてが年間四〇万、成長投資枠は一二〇万だった。

・非課税保有限度額は、全体で一八〇〇万円（成長投資枠は、一二〇〇万円）。となっている。今まではつみたてが八〇〇万、成長投資枠が六〇〇万だった。併用もできなかった。

ここでよく頂く質問。つみたて投資枠と成長投資枠について。成長投資枠は株や投資信託などほとんどの商品を購入することができるが、つみたて投資枠に関しては日経平均株価に連動するようなインデックス投信などを中心に比較的まじめな？金融商品となる。何を選んでも大きなズレを引くことはない。しかし、レバレッジがかかっていたり、実質的なショートポジション（空売り状態）になるベア商品などは成長投資枠になるので注意は必要だ。

よって、ハイリスクハイリターンの商品群まで買えてしまうのは成長投資枠で、よりリスクが低い（それでも元本割れリスクはあるが）のはつみたて投資枠となっている。投資上級者は成長投資枠で積極的に投資にチャレンジする。一方で、初心者に近づくにつれ、つみたて投資枠でまずは投資をはじめてみるという考えでいいだろう。

また、本当にインフレを恐れている人の場合、最大一八〇〇万円なので、年間三六〇万円の投資で、最短五年で投資枠は満額になる。つまり、二〇二四年から投資を始めて最短五年で新ＮＩＳＡの投資を完了すればいい。二〇二九年までに投資を仕込んで後は育つのを待つ。もちろん指数連動型の商品を積み立てながら、まったく同じ指数連動型の商品を成長投資枠で購入することも可能だ。つみたて投資枠と成長投資枠両方で同じ商品を買い付けることも可能ということだ。

○iDeCoもやろう

ＮＩＳＡのメリットは増額分の場合の税金がないということがわかったと思うが、ｉＤｅＣｏは個人型確定拠出年金と言う。これは「自分が拠出した掛金を、自分で運用し、資産を形成する年金制度」である。掛金は六五歳になるまで拠出可能であり（今後七〇歳に引き上げられる予定）、老齢給付金を受け取ることができる。個人が払う（拠出する）金額が確定している年金制度である。

従来の年金制度はもらう方の給付額が確定していた時代だったが、今は払う方の拠出額が確定しているものが一般的となっている。

その理由は、かつて運用がうまくいかず、確定給付から確定拠出へ制度が代替されていったのだ。

メリットは、給与など本業の収入に対する税金である所得税が安くなる。拠出額全額が所得控除（所得からマイナスしてくれるということ）になるというポイントが一番大きいであろう。

ふるさと納税以外にこういった所得税・住民税関係の節税になる有効な手法は少ないので重宝する。ただし、ＮＩＳＡと比べてこちらの金額は小さく月額一万〜六万八〇〇〇円であり、加入

	iDeCo（イデコ）の特徴 （個人型確定拠出年金）
対象者	原則20歳以上65歳未満 （公的年金被保険者）
拠出限度額	年間14.4～81.6万円（月々五〇〇〇円から）
投資可能商品	投資信託　保険商品 定期預金等
購入方法	定期的・継続的に積み立てる
受け取り	原則60歳以降に受け取り
税の優遇	運用益が非課税
	毎年の所得税や住民税が少なくなる 受取時に支払う税金が少なくなる

出典：厚生労働省ホームページより

年金制度によって変わってくるが、大体二万円くらいとなっている、詳しくは上の表をご覧いただきたい。

加入条件としては二〇二二年に緩和されて六五歳未満となったのが大きい（さらに今後も七〇歳まで引き上げられる予定）。自分の老後のために所得税が安くなるし、放っておけばそれなりの金額が積み上がり、インフレと共に株価が上昇すればそれなりの財産になる。

自分で拠出し、自分で運用し、プラスアルファの年金を準備できるという特徴で、更に所得税が安くなるという点でメリットはあるだろう。

また、ここまででそれなりのメリットがあるという場合、さらにｉＤｅＣｏ＋（イデコプラス）という制度もある。これはｉＤｅＣｏの上乗せ版で、特に、あなたが中小企業の経営者などの場合、三〇〇人以下の会社であればプラス二万三〇〇〇円までｉＤｅＣｏを拡大することができる。導入時に労使協議が必要で、事務面での手間はかかるが、企業経営者などは事業主掛金を増やすことで自分（社長自身）の年金を増やすことができるというのがメリットであろう。要は社長自身が節税と年金額の増額のために掛金を多めにｉＤｅＣｏの追加版の制度を利用することができるということである（加入者掛金と、事業主掛金がある）。

さらに従業員は自分で上乗せでかけたい人がかけられるので福利厚生の上乗せにもなる。さらに気に入っている社員がいれば事業主負担の掛金部分を会社が拠出してあげればいいというわけである。

○インデックスファンドかアクティブファンドか

インデックスファンドがいいのかアクティブファンドがいいのか？　これもよくある金融商品で資産運用するときの質問である。

インデックスファンドとは、日経平均株価など指数に連動するように設計された投資信託で、アクティブファンドはそれらの指数を上回る、または指数にとらわれずにリターンの獲得を目指す投資信託である。アクティブファンドはコストが高いのでよくない、というようなことも言われている。たしかにインデックスファンドは良い。

一方で、決して本数は多くないがアクティブファンドの中にも長い時代にわたってパフォーマンスがインデックスよりも優れているものも一定数あるのは事実。それをキチンと選べばいいだけである。

世の中には私募投信という形でヘッジファンドも多数あるが、インフレの時代であればそこまでする必要があるのか？とは思う。

順調に指数が伸びるのであれば、インデックスとアクティブを組み合わせて運用していけばいい。

ヘッジファンドは過去の歴史の中でいきなり破綻したり、お金が返ってこなくなるようなことも過去にはあった。最低投資金額も数千万と高いものもある。

「お金持ちしか投資できない」というプレミア感があるものの、公募投信に比べて、大きなメリットがあるわけではないので、個人投資家がわざわざ購入する必要はないと思う。公募投信で事足りてしまうのだ。

服やモノなどにおいて、他人と同じものを持ちたくないというこだわりが強い人はいると思うが、運用においてもこだわりが強く、一般の人が持っていないものを持ちたいという人にはいいかもしれない。

○金融機関のお勧めは買うな

金融機関のお勧めはその投資対象が儲かるから勧めているのではなく、本部の方から「この商品を売れ」という政策的、売る側の論理であることが多い。あくまで顧客目線に立っての話かどうかというところが重要かと思う。

どの業態もそうだが、金融機関はじめ、会社と言うものは大手になればなるほど、一律な提案になりがちである。

全国の営業マンを標準化しないと大手にはなれないし規律が取れなくなる。よって金太郎飴的な提案が全国津々浦々すべての営業マンができるからこそ、会社として大きくなれたという言い方もできる。

しかし、お金に関してはそれぞれの状況によって異なる。資産形成期の三〇~四〇代かもしれないし、積み立てた資産を取り崩す八〇代などの高齢者かもしれない。当然年収も異なれば既に持っている資産も異なるわけで、一律、「ファンドラップがいいですよ」「〇×投資信託がいいですよ」というわけにもいかない。

そこは、顧客の状況に応じてのオーダーメードの個別提案とするべきと考えている。もちろん資産運用の相談先を決める要素として「営業マン、商品性、値段、アクセスのしやすさ」などから多方面に考えていくべきなので、アクセスのしやすさという点では金融機関に勝るものはない。

駅前、かつ全国にお店を構えているので。

しかし、前述の通り金融機関は基本的にインサイダー規制があるので、投資を勧める立場にありながら厳しい社内ルールに基づき積極的な資産運用はしづらい環境にある。やはりそういう点でも資産運用のプロではなく、商品販売のプロという視点でこちらも売り側の提案を聞くべきであろうと考えている。

○考えない人、素直な人は運用に向かない

資産運用というものは前述の通りアメリカなどすべてが右肩上がりの時代に関しては皆が儲かり難しいことを考える必要はない。いつ飛び乗っても儲かる。

しかしデフレの時代はこれの逆。ただ二〇二二年から始まったと思われるインフレの時代は良い時代と言えそうだが、再びデフレの時代にもどった場合、資産運用の本質はゼロサムゲームである。

お金に関する、プラスサム、ゼロサム、マイナスサムゲームを説明する。

マイナスサムゲームは、プレーヤーの投資金額の合計よりも換金額の合計が少ないゲームなので、平均するとプレーヤーは損をする。競馬やパチンコ、宝くじなどのいわゆるギャンブルは胴元に一定額取られるので、マイナスサムである。

ゼロサムゲームは、プレーヤーの合計投資額を分配するゲームなので、必ず勝つ人と負ける人が存在し、勝った人と負けた人の取り分を合計するとゼロになる。

ＦＸや株のデイトレード、スキャルピングなどはこれに該当するだろう。為替の分刻みの値段変動、株の一日内の値段変動に関してはそこに何かを生み出した結果での値段変動ではないからだ（細かいことを言えば、ＦＸも株もオファーとビット（売値と買値）が離れているので胴元にいくばくか取られているとも言えるのでマイナスサムとも言えるかもしれないが）。

プラスサムゲームは、プレーヤーの合計投資金額よりも還元額が大きいゲームなので、大きく勝つ人や大きく負ける人など濃淡はあるものの、平均するとすべてのプレーヤーが勝つことになる。インフレ下の資産運用はまさにこのプラスサムになる。アメリカなどはいい例で、基本は右肩上がりなので現時点で皆が儲かる投資ができる国である。

よってこのようなことを日々考える人は自分にあった運用をすればいいが、特に何も考えずに流されたい人はなるべくプラスサムゲームに参加するようにすべきである。

よってインフレ下にはプラスサムになるので今から投資しようという話なのだ。もちろんインフレにならなければ資産運用の多くが、このプラスサムになりづらいので、撤退すべきもしくはやり方を変更するべきであろう。

郵便はがき

切手をお貼りください。

102-0071

東京都千代田区富士見一―二―十一
KAWADAフラッツ一階

さくら舎 行

住所	〒　都道府県		
フリガナ		年齢	歳
氏名		性別	男　女
TEL	（　　）		
E-Mail			

愛読者カード

ご購読ありがとうございました。今後の参考とさせていただきますので、ご協力をお願いいたします。また、新刊案内等をお送りさせていただくことがあります。

【1】本のタイトルをお書きください。

【2】この本を何でお知りになりましたか。

1.書店で実物を見て　2.新聞広告(　　新聞)
3.書評で(　　)　4.図書館・図書室で　5.人にすすめられて
6.インターネット　7.その他(　　)

【3】お買い求めになった理由をお聞かせください。

1.タイトルにひかれて　2.テーマやジャンルに興味があるので
3.著者が好きだから　4.カバーデザインがよかったから
5.その他(　　)

【4】お買い求めの店名を教えてください。

【5】本書についてのご意見、ご感想をお聞かせください。

●ご記入のご感想を、広告等、本のPRに使わせていただいてもよろしいですか。
□に✓をご記入ください。　□ 実名で可　□ 匿名で可　□ 不可

○借り入れは怖くない

日本人は長らくマネーリテラシーをきちんと学んでいないせいか、借り入れは怖いモノという感覚があるが、必ずしもそうとも言えない。

借り入れは「時間をお金で買う行為」であり、例えばマイホームを買いたい。しかしこのままお金を貯めても、全額キャッシュで家が買えるまでに三〇年かかる。であれば、今三〇年ローンを組めば、三〇年後ではなく、今、住めてしまう。

三〇年前倒しで住めてしまうので、金利という前借料を払う。会社の運営にお金を借りる場合も同じである。毎年一億円の利益がある会社がある。今会社にある現金は一億。設備投資に三億円かけたい。しかし今は一億円しかないので、三億円を貯めてから設備投資した場合、貯まるのは二年後である。であれば、今二億借りて合計三億円にして設備投資した場合、事業をスピード感をもって行うことができる。これが借り入れである。

もちろん自分には自分のペースがあって急いでやる必要もないし、のんびりコツコツ二億円貯めてから三億規模の事業に乗り出したいということであれば借り入れは必要ない。借り入れた場合、人のお金を借りているわけなので、返さなければいけない緊張感がある。借り入れた場合、銀行という他人が自分のビジネスと将来に対して介入してくるわけなので責任をもって臨むことになる。よって、借り入れがあった方が、銀行という他社の目もあるしスピード感をもって経営ができるので事業にとってメリットもある。

しかし、こういったことを学校では教えてくれないので、なんとなくただ「借り入れはリスクもあって怖い」ということになってしまう。もちろんリスクもあるがリターンもあるのだ。

最近のスタートアップも第三者からの資金を入れてスピード感をもって事業運営する。これも時代の変化と言えるのかもしれない。通常は「自己資金で会社を開始↓少しづつ借り入れ↓利益を出して少しずつ返済↓また借り入れ」という形で徐々に事業を拡大するところを、何年分もの事業資金を出資という形で募りながら五年～七年程度で会社規模を何十倍何百倍にもして、事業の売却やＩＰＯ等で素早いスピードでの出口を狙う。

投資家にとっては数十倍以上にもなる可能性もあるので投資妙味は高い。しかしお金の出し手からすると借り入れよりも回収不能リスクは高く、リスクも伴う。

事業者側からすると、自己資金＜借り入れ（融資）＜ＶＣ[※1]（ベンチャーキャピタルなどのエクイティファイナンス）というようなスピード感で借り入れの多様性が広がってきたので借り手の選択肢は拡がってきたといえるだろう。同様に、皆さんの資産運用も自己資金だけでやるのか、借入を伴い成長スピードを上げて投資するかだと考える。

例えば、簡単に借入と同じレバレッジを使うことができるＦＸやＣＦＤなどのデリバティブは短期間で何倍にもしたい！と考える人には有効である一方、レバレッジをかけすぎるとそれこそ九勝一敗ですべてを失うリスクが伴う。

そこで考えてほしいのが、ＬＴＶである。これは特に借り入れを伴った不動産投資では使った方がいい指標である。

LOAN TO VALUEの略で資産に対する負債の割合を指す。負債／資産で表し、ＬＴＶが高くなればなるほど負債が多く、危険度が高い。理想的にはこの数値が低い方がよい。

世の中の多くの不動産投資家で、営業マンに言われるがままに購入してしまうような人はこの割合が１００％以上になっていることが多い。例えば二五〇〇万円のワンルームマンションを自己資金が少なく、借り入れを多めにしている場合、借入（負債）二五〇〇万／マンションの価値一七〇〇万円でＬＴＶが１４７％になっているケースなども多々ある。

特にワンルームマンション投資でよく見る状況である。俗にオーバーローンと言う状況で、マンションを売っても借り入れを返済できない状況だ。このような不動産投資はなるべくやめた方がいい。どうしても不動産投資をしたい場合、新築の値段が二五〇〇万だとしても、例えば五年経過した同様のマンションの値段をリサーチしてから投資すべきである。

例えば、該当マンションの五年後の値段が一七〇〇万円の場合、最低でも自己資金を八〇〇万円、借り入れを一七〇〇万円で購入すべきである。その場合負債一七〇〇円／五年後の資産価値一七〇〇万円でＬＴＶは一だ。あまりにもＬＴＶが高い状態だといざ、売却しようとしたときにオーバーローン状態になって売るに売れない（全額借入返済できないから）ことになる。

このようなことを考えずに感覚的に不動産投資を始める人がいるが本当に危ない。また二五〇〇万円で買ったマンションが五年後一七〇〇万円になってしまう場合、この不動産は割高な値段が設定されているということである。よって値引き交渉をするべきだし、二五〇〇万円を二四五〇万円に値引きしてもらったところで喜んでいる場合ではない。

おそらくこのワンルームの現実的な値段は二五〇〇万円ではなく二〇〇〇万円前後であろう。こういった最低限の知識を得たうえで不動産投資をはじめるべきである。

不動産投資の営業マンの感じがいいからとか、熱心だからとかの理由で購入を決めるべきではない。目の前のお客さんに一件販売したら百万円単位のインセンティブが出るのであれば、よほどのコミュニケーション下手ではない限り、丁寧にそして熱心に応対して当たり前なのである。

今度は投資用マンションではなく、自宅の話をする。

固定資産税評価額[※2]は、固定資産税を決める際の基準となる評価額のことであり、土地や家屋などをそれぞれどう評価するかを定めた「固定資産評価基準」に基づいて、各市町村（東京二三区は都）が個別に決める評価額である。

家屋の固定資産税評価額が七〇〇万の新築建売戸建てを七〇〇〇万円で買ったとする。これも多くの場合、土地の現在価値は四〇〇〇万円くらいで家屋と合計してもせいぜい五〇〇〇万円くらいという家は多い。この場合、自己資金二割で住宅ローンを組んだ場合、諸費用が七〇〇万だとすると、新築戸建て７０００万円＋諸費用７００万円＝７７００万円。自宅の現在価値は四七

○○万円で借り入れが六一六○万円になる。この場合も6160÷4700＝131％のLTVとなり、オーバーローン状態となっている。先ほどのマンション投資と比べて自宅なのでそのまま住み続けるという選択肢を取るので、そこまで気にする必要はないが、万一借り入れが返せなくなった場合、自宅を売って借金をゼロにしようとしても、自宅を売っても借り入れが返せない状態になってしまう。

住宅ローンを返せなくなるケースは少ないので現時点では心配しなくてもいいのかもしれないが、できればこのようなケースの場合、借り入れは六一六○万円を借りるのではなく、最低でも現在価値の四七○○万円程度にとどめておき、残りは自己資金で購入すべきである。

もちろん、このようなことを言っていたらいつまで経っても家は買えないし、事業においても、そこまでノンビリお金が貯まるのは待っていられない、かつ銀行が貸してくれるのであれば借りてしまえという考え方はある。ただ、自分がどのくらいのスピードで運転しているのかというのはLTVを通して理解していた方がいい。スピード違反で取り締まられるか、スピード超過で事故を起こしてしまうからである。少なくとも営業マンに言われた通りホイホイ乗ってしまうにしても、事故を起こした場合の責任は、全部自分であるということを理解すべきだ。

※1 ベンチャーキャピタルとは未上場の企業に出資して株式を取得し、将来的にその企業が上場した際に株式を売却することを目的とする投資会社。エクイティファイナンスとは、借入ではなく、株式の発行により資金調達すること。

毎年五月〜六月くらいに郵送で来る固定資産税払ってください、という横長の紙に記載の数字[※2]

○固定金利で借りることも必須

昨今インフレが進行しているものの、住宅ローンをはじめ、各種ローンを変動で借りている人は多い。住宅ローンに関しては10％のみが全期間固定であり、残りの90％は全期間変動かもしくは一部固定金利で借りているというデータがある（住宅金融支援機構二〇二三年調査）。

これも現時点ではまだ良いが、数年後は問題になるかもしれない。日本銀行の金融政策は前述の通り、正常化に一歩踏み出した。植田日銀総裁は自身の任期中は金融緩和を継続し、このデフレ脱却の機会を逃さず日本病の根治を実現すると金融政策決定会合などで繰り返し発言している。

私自身はこの住宅ローン金利の問題が顕在化してくるのは二〇三〇年前後までかかるかもしれないと考えている。理由は植田総裁の任期は二〇二八年の四月であり、彼の任期中は発言通り低金利政策自体は長期化するはず。

また、持続的な賃金上昇もいわゆるバブル入社（一九八六年〜一九九一年）の退職まで待たなければいけないかもしれない。それは二〇二九年以降がバブル入社がごっそり退職して抜ける時期だ。いずれにせよ、二〇三〇年くらいには当局の政策だけではなく、働き手の自然減による持続的な賃金上昇とインフレ、結果、長短金利の上昇が訪れるのかもしれないと考えている。

よって、すぐには後述のアメリカのような金利上昇（米住宅ローン金利は7％以上）スピード

	2％	7％
毎月返済額	331,262円	638,856円
総支払額	139,130,208円	268,319,187円

ではないが、このような低金利が当たり前だと思っているとしっぺ返しをくらう「将来的なリスクはある」ということを覚えておきたい。

アメリカの現在の三五年全期間固定の金利は7％という数字もあり、どの程度現状と異なるインパクトがあるのか想像してみよう。

仮に一億円を2％の三五年全期間固定の現在の日本水準で住宅ローンを借りた場合、表のような違いが出てくる。

毎月の返済額が倍近く変わるということと総支払額も一・二九億ほど増額することになる。ということで金利は低いうちに長期で固めておく重要性、リスク低減効果があるということがわかるだろう。

一方で金利がデフレ時代は全期間で1％以下の時代なので、従来の金利として0・8％が続いた場合、二七万三〇六〇円が毎月の返済額であり一億一四六八万五四一九円が総返済額になる。この三三万一二六二円と二七万三〇六〇円の差額の約五万円強をリスク代（保険料）として安いと考えるか否かが個人の考え方の違いであろう。そこで、上記の数字を期待値で考えると非常にわかりやすい。たとえば二〇三〇年に、

㋐インフレが起きずにデフレが続く可能性が25％、
㋑借入金利が３％に上昇して三八万四八五〇円総支払額一億六一六三万六七七二円になる可能性が65％で、
㋒10％の確率で借入金利が７％まで上昇してしまう（総支払額が二億六八三一万九一八七円）

この㋐〜㋒の期待値である総支払額は25％×１億１４６８万５４１９円＋65％×１億６１６３万６７７２円＋10％×２億６８３１万９１８７円＝１億６０５６万７１７５円となる。これがＡという選択肢とする。

一方、今の２％を三五年で今すぐ全期間固定で金利を固めてしまうならば、総支払額は一億三九一三万二〇八円となる。これをＢとする。ＢはＡよりもトータル二一四三万六九六六円得になる。総支払額はＡ＞Ｂとなるので、今すぐ金利はＢのように２％に固定させた方がいいという結論になる。

もちろん、金利が３％に上昇する確率を65％、金利が７％になる確率を10％にするかしないかというのはあるし、いつ金利上昇し出すかなど、確率論的にきちんと出せないこともあると思う。

しかし、このようにして自分なりに「この事象が起きる確率は〇％だな」と考えながら数字で判断すべきであり、なんとなく今の支払額が安いから変動金利でいいや、は後でコストを払うことになるので注意したいリスクだ。

なお、この数字に関しては保証料や手数料などは考慮せず純粋に一億円を借りるという部分だけで数値を試算しているので実際の数字はもう少し大きくなると考えている。

基本的にお金の計算や物事のリスクを算定するときにこの期待値理論は数値化できるので非常に有益である。例えば、株の上げ下げもこのように考えることができる。

㋐今後一〇年間資産運用せずデフレにもインフレにもならない確率50％、一〇〇〇万のまま

㋑今後一〇年間資産運用せずインフレ２％になる確率50％、八二〇万円に減価、

期待値は50％×１０００万＋50％×８２０万＝９１０万となる。

一方、

㋒資産運用して一〇年間で７％複利で運用できる確率10％

㋓資産運用して一〇年間でトータル20％損をする確率が25％

㋔資産運用して一〇年間で４％複利で運用できる確率65％

10％×１９６７万＋25％×８００万＋65％×１４８０万＝１３５８万円となる。

つまり運用しないと期待は九一〇万円で、運用したら一三五八万円となるわけだ。よって運用を選択するのが合理的ということである。もちろんすべて仮定の話ではあるが、このようにシミ

日本の10年債1980年代から現在まで

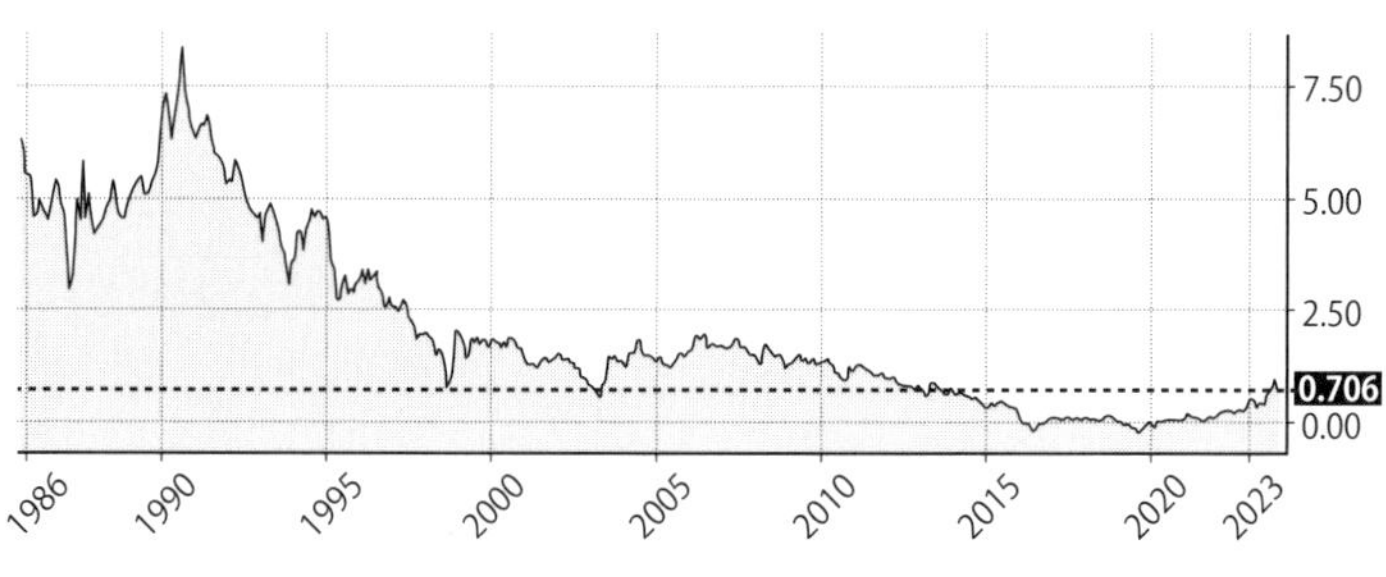

Investing.comより

ュレーション自体は簡単にできる。中級者以上であれば、大体どの程度で運用できるかある程度推測できると思うので、事前に考えるべきであろう。

○繰り上げ返済はもったいない

住宅ローン金利の話のついでに繰り上げ返済についても書いてみたい。世の中にある誤解は繰り上げ返済である。多くの方が金融リテラシーを学ぶことがなかったためか、借り入れに関して極端にネガティブであるというのは前述の通り。

インフレの時代であれば、現在2％以下の低金利で住宅ローンなどを固定で借りている場合、運用自体が3～4％の運用収益を見込めれば、純ザヤ（2％で調達して4％で運用できるので4～2がプラスであるので純ザヤと言う）になるのでそのままでも構わない。そもそも経済合理性を考えてみれば、特に固定金利での2％以下は歴史的に見ても世界的に見ても非常に低い状況である（上図の通り）。

そのような歴史的に低金利の条件で借り入れしているのであれば、わざわざその有利な条件を投げ出す必要はない。逆に変動で1％以下で借りている人は前述の通り、二〇三〇年前後、中期的には金利上昇に伴い借入金利の上昇で危険な状況にいるかもしれない。いずれは固定に変えるべきであろう。そして我々の子供や孫の世代に、インフレ終盤期に差し掛かりまた再度のデフレとなった場合、今度は逆に固定から変動に変えるべきであろう。今とは全く逆の行動をすべきである。

ということでこの借り手優位な条件を、わざわざ手放すのはもったいないと考える。相対的に見てレアキャラである低金利の契約をみすみす繰り上げ返済で放棄するメリットはなんなのだろうか。

第三章　不動産投資で失敗しないために

○人口減少の日本でも不動産を買うべき理由

日本人の資産の七割は不動産であるという統計もあるくらい不動産は資産運用に関しては切っても切れないものである。実需としての自宅不動産と、資産運用としての収益不動産の二つがある。私もコロナ前までは人口減少する日本の不動産に未来はないと考えていた。

むしろ不動産マーケットが下がることを見越して売りポジションをとれるようなデリバティブなどの金融商品がないかな?と調べていたくらいである。

しかし、コロナが発生して真っ先に感じたのは、インフレである。インフレになるのであれば、人口の増減などは関係なく、単純に貨幣価値の減少と有形資産の価格上昇を直感した。実際それが形になるまでに、三年かかり二〇二四年現在、ようやく現実のものとなろうとしている。私自身も家は買うべきということで自宅を建てたし、会社でも不動産を購入している。

では人口減少の統計データである国立社会保障・人口問題研究所の『日本の地域別将来推計人口』というレポートを見てみよう。結論は四六道府県は人口下降トレンド・東京(とうきょう)のみ「二〇四〇年まで」人口上昇予測である。

「日本の地域別将来推計人口」レポートでは、都道府県別の総人口の推計が算出されており、これを見ると、二〇二〇年以降、四六道府県の人口は下降。一方で、東京のみ、二〇二〇年以降

国内主要都市を擁する都道府県の推計人口の推移

	推計人口（単位：千人）				指数（2020年＝100）	
都道府県	2020年	2030年	2040年	2050年	2035年	2050年
東京都	14,048	14,349	14,507	14,399	102.9	102.5
神奈川県	9,237	9,122	8,869	8,524	97.6	92.3
千葉県	6,284	6,179	5,956	5,690	96.7	90.5
埼玉県	7,345	7,224	6,953	6,634	96.7	90.3
大阪府	8,838	8,438	7,874	7,263	92.4	82.2
愛知県	7,542	7,346	7,050	6,676	95.6	88.5
北海道	5,225	4,792	4,319	3,820	87.3	73.1
宮城県	2,302	2,172	2,014	1,830	91.1	79.5
広島県	2,800	2,618	2,428	2,230	90.2	79.6
福岡県	5,135	4,989	4,762	4,479	95.1	87.2

出所：国立社会保障・人口問題研究所『日本の地域別将来推計人口』（令和５年推計）

も人口上昇が続く。しかしながら、二〇四〇年をピークに、他の四六道府県と同様に下降トレンドが予想されている。

・東京以外すでに人口下降トレンドに入っていること
・東京のみ、二〇四〇年までは人口上昇
・二〇四〇年以降はさすがに東京も人口下降トレンド入り

という三点は非常に興味深い。

上の表では、東京都に加えて、周辺の神奈川・千葉・埼玉の三県、そして三大都市圏と呼ばれる大阪府、愛知県（名古屋）、「札仙広福（さっせんひろふく）」と言われる都市がある北海道・宮城・広島・福岡県の計一〇都道府県の推計人口と、二〇二〇年を一〇〇とした場合の二〇三五年、二〇五〇年の指数をまとめた。

意外だったのは、東京周辺の神奈川・千葉・埼玉の三県でも、人口はすでにピークに達しており、三大都市圏と呼ばれる大阪府、愛知県（名古屋）も下降トレンドにある。

逆に言うと、日本で唯一、「東京のみが、あと一六年間も人口が上昇し続ける」ということ。消去法的に、不動産を買うならば、東京は最優先の選択肢になるのだ。

もう一つ、興味深かったのは、福岡県。二〇三〇年の指数は九五・一、二〇五〇年は八七・二と減少が予測されているものの、三大都市圏である首都圏・中京圏・近畿圏と比較しても決して悪くない数字であり、いずれの数値も大阪府（二〇三五年：九二・四、二〇五〇年：八二・二）を上回っている。

近年は、ＴＳＭＣが熊本に工場を建設するなど、九州では半導体関連で積極的な投資が行われており、台湾有事などが起きた場合、地理的に九州がその避難先含め主役となるはず。その中心部である福岡は、アジアのパイプとなる可能性があり、こうした事情からも福岡（特に都市部の駅近物件）の不動産は比較的値崩れしにくいのではないかと予想する。

ただ、そうはいっても、二〇二〇年と比べて一五年後、三五年後には人口減少が予想されている。やはり、唯一、二〇年と比較してプラスとなっている東京が、日本で不動産を買うならば最適な場所と言える（そんな東京も、二〇四〇年をピークに減少傾向に転じる予測であることは要注意）。

○株よりも安定した不動産

一方で投資対象資産として考えると、不動産は上場有価証券である株式とはまた違った値動きをすることがわかる。例えば、国土交通省が二〇一〇年から発表している不動産価格指数（住宅総合）を見てみると、リーマンショック前後の指数の下落率は、約一割程度。

一方で、日経平均株価は、リーマンショックにより一万四〇〇〇円台から七〇〇〇円台まで暴落。下落率は五割を超えた。

不動産に関して、実際は相対取引なので、現場ではもう少し下落幅が大きかったはずである。しかし、統計で見てみると、上昇も下落も、不動産の方が上場有価証券より比較的穏やかである。アメリカの住宅価格指数の上昇率は、日本がデフレに入っていた一九九五年以降で比較すると三倍ほどで、株価（ＳＰ５００指数）は9倍ほどに上昇。このことからも、不動産は上場有価証券と比較すると相対的にマイルドな値動きということがわかる。

株式の投資に比べると不動産投資はハードルが高いが、値動きという観点で見れば、株よりも不動産の方が、安定性が高いといえる。では、これから東京の不動産価格はどうなっていくのか。

○日本買いが不動産にも起きる

現在の東京の不動産価格は、日本の他の主要都市や、過去の価格と比較すると確かに高いものの、世界と比較するとまだそこまでではないといえる。

※日本不動産研究所の調査によれば、二〇二三年四月時点の東京都港区元麻布地区にあるマンションの価格（高級住宅、一戸の専有面積あたりの分譲単価）を一〇〇とすると、ニューヨークは一三二・一、シンガポールは一二九・八、上海は一五五・八といずれも東京を上回っている。香港は二四二・七で、二倍超の差がついている。

政府が高度外国人材の受け入れを積極的に行うなど、外資の流入が増加すれば、今後、外国人富裕層のマネーが日本の不動産に流入することはあり得る。

こうした中、私は東京の不動産価格は、コロナ前の香港のようになっていくのではないかと考えている。

その理由としては、上記のレポートの通り東京に人口が一極集中するということ。

第二に東京都の私立高校の学費についての所得制限に関係なく無償化に現れるように、高度な教育を受けたい人たちが東京に移住すること。

第三に香港に代わる金融ハブとしてシンガポールに並び東京がその地位を固めること。

第四に金融ハブだけではなく、株や不動産も香港の代替として消去法的に選択されること、にある。

しかし、そんな香港不動産も、近年はその勢いが消えつつある。

香港の民間住宅価格指数は、二〇二二年、二三年と二年連続で下落。二年間で二割超値下がりしたことになると言う（出所：NNA ASIA）。

香港在住のある富裕層男性も、「二〇二一年をピークに香港の不動産価格は下落している」と話している。背景には、二〇一九年、香港の民主化運動が中国政府により沈静化されたことがある。

これをきっかけに多くの香港人が、イギリスなどの海外へ「脱出」。そのタイミングで不動産を売却したというわけだ。

世界の不動産市場における香港の魅力は低下。一方で、頼みの綱の中国経済も悪化し、中国マネーも入ってこない……というわけである。

先述の富裕層男性は、「中国人は『香港が（いずれ）本国になるから』という理由で、香港の不動産や株への投資に興味がない。香港ではなく、東京やシンガポールの土地や株を購入している」と筆者に語ってくれた。

国際金融都市であった香港の不動産市場に陰りが見られたことで、そこに集まっていた資金が、世界の主要都市と比較するとまだ手頃な価格の東京の不動産に流入する——ほかのさまざまな条件次第ではあるが、その可能性は高いのではないだろうか。

ただ東京にも、もちろん、リスクはある。地震大国であり、南海トラフなど巨大地震の発生が予想されている。隣国中国や北朝鮮などの地政学リスクも常に付きまとう。また、米国がリセッション（景気後退）に陥れば、当然日本にも影響がある。

しかし、中長期的に見れば、これまで述べた理由により、日本、特に東京の不動産は決して悪いものではないと考えている。

日本人自身は自国の良さを前向きに捉えないかもしれないが、世界中のおいしいものが食べられるし、物価は安いし、夜も女性一人で歩けるほど治安が良いし、働き者が多く、わがままを言う人は少ないし、ビザなし・パスポートだけで多くの国に行けるし、アニメと漫画の聖地がたくさんある……など、相対的に見て良いところが本当に多くある。デメリットは税金が高いところと、英語がなかなか浸透しない、地震が多いという点ではないか。

株式市場ですでに起きている日本買いが不動産にも再度波及し、海外富裕層の日本移住、世界の工場が再度日本に集約化されることなどを考えれば、場所さえきちんと選べば、日本の不動産、特にこの後しばらく人口上昇が予測される東京の不動産は、捨てたものではないだろう。

各都市の高級住宅[※]（ハイエンドクラス）のマンションを前提とした分譲単価の各都市比較指数

（出所：日本不動産研究所第二〇回「国際不動産価格賃料指数」）

○別荘は買うべきか

不動産と言えば、自宅以外の選択肢として、富裕層は別荘を購入するケースは多い。これ自体悪い話ではないが、よくあるリゾートマンションはムダと考える。別荘は、相続発生時（荘所有者が亡くなったとき）数十年前に買ったときには数千万円だったリゾートマンションの相続税評価は多くのケースで二束三文である。つまり資産価値がほとんどない。

また、こういったものは子供が小さいうちはまだ遊びに行くのであるが、大きくなると生活スタイルが変わる。そして徐々に行かなくなり、部屋そのものが荒れてしまう。また、途中で売却するときもかなり大きく値崩れして数百万円でも売れないというようなことが多々ある。ここでも前述の出口戦略を考えて買わないといけない。

自分の買う別荘が二〇年後、いくらの価格で売れるのか？　もしくは近所の物件が築二〇年のモノがいくらで取引されているのかを把握したうえで、買うべきであろう。もっとも衝動的に別荘を買ってしまう気持ちもよくわかるのであるが……。

別荘の中でも政治家や超富裕層が保有している軽井沢の一等地なども選択肢としてはあるが、そういった物件が通常、一般には出回らず、身内などで売買されがちなものなので、ここではそういった物件は除いての別荘の一般論であることに注意していただきたい。

○サブリースは危険な落とし穴

また、不動産投資において絶対に避けた方がいい落とし穴を解説したいと思う。それは少し前に話題になったサブリース。サブリースとは本来、転貸借全般を指す用語で、一般には収益不動産の一括借り上げのことを指す。

マンションやアパートなどの賃貸不動産の所有者が、空室リスクなどを避けるため、一旦サブリース会社に不動産を貸して、サブリース会社に客付けやら管理やらの面倒なことをやってもらおうというもので、多くの不動産オーナーが利用している仕組みである。収益不動産の経営はめんどうくさいのでそれをサブリース会社に丸投げするというオーナー側のニーズを解決する仕組みである。

ところが二〇一九年、大手サブリース会社にて問題になったのは、約束した家賃を、数年後強制的に「当初家賃から引き下げられた」所有者が全国で相次いだことである。所有者に銀行借り入れがある場合、家賃を引き下げられると「借り入れ返済があるので収支がマイナス」になってしまう方も多い。あれから数年が経ち、今はさほど話題にはなっていないものの、サブリースの別の問題が発生している。ある医者のケースを紹介したい。

「熱心な投資用ワンルームマンションの営業マンに勧められて、二〇二〇年に立て続けに神奈川にあるワンルームマンションを三室買いました。全額銀行借り入れで購入し、サブリース契約をそのマンション販売会社でサブリースにしています。

本業が忙しいので、煩わしい管理等はすべてやってくれるということだったので、サブリースがいいかなと。もちろん、所得税の税金対策になるという話だったので、税金対策も兼ねて投資しました。

営業マン曰く、これはお医者様専用の投資物件で、医者が自身で住みたくなるようなプレミアムな物件です、と言われてなんとなく自尊心をくすぐられたのを覚えています」

しかし、購入してから三年間、収支は常に赤字。半年に一回、銀行にお金を別の口座から入金して借り入れ返済のために六〇万円ほど赤字補塡をしている状況。年間で一二〇万円の赤字補塡。

「マンション自体、借り入れ分の支払い利息で節税になったとはいえ、トータルで赤字補塡分も考えると損したなというのが感想です」

この医者は、赤字の補塡をし続けていることを不安に思い、我々のところに相談に来た。この物件を仮に今、売却した場合、いくらになるかという査定結果を我々が出したところ愕然とすることになった。

二〇二〇年に二七〇〇万円フルローンで一室購入したが、三室合計で八一〇〇万で購入。諸経費で約九〇〇〇万弱。現在の相場で売却した場合の値段が一室につき二〇〇〇万。一室につき一〇〇〇万近くの赤字の見通し。もちろん、借り入れがほぼまるまる残っているので、いわゆる売却金額が残債を下回る「オーバーローン」状態となっている。前述のＬＴＶの話である。

この医者は、昨今の不動産価格の上昇でこのマンションも上昇しているのかと思っていたのだが、さにあらず。詳細を調べると、たしかに土地の価格は上昇しているものの、マンションの家屋部分に関してかなり高値づかみしているため、最近の不動産価格の上昇の恩恵にあずかれず、売却したくてもできない状況に陥っているということがわかった。

また、賃料相場を調べてみると、医者の受け取る家賃は八万円だったが、実際は借主からサブリース会社が一〇万円の賃料をとっていることがわかった。二万円の収益減である。

サブリース会社に聞いたところ「そういうものなので仕方ないですよ」と言われてしまい、それ以来営業マンから電話はかかってこない。

年間の赤字額は一二〇万円。一方で売却できたとしても一室につき一〇〇〇万円の損。どちらにも進むことができない状況。さらに追い打ちをかけるのが消費税。彼は消費税の課税事業者だったため、マンションを売却した場合、消費税が一〇％かかるので一室二〇〇万円、三室で六〇〇万円も追加でかかる計算になる。ただでさえ損切りなのに、プラス六〇〇万円の消費税がかかるということで、売却をストップすることになった。

○契約解除できない底なし沼

また、サブリースの一番怖いところはサブリース契約が法的によほど合理的な理由がない限り「半永久的に」解除ができないということである。例えば実際のサブリース契約書をみると、このような記載がある。

・第○条　契約の解除
甲乙（筆者注：所有者とサブリース会社のこと）いずれか一方に契約続行不可能な事由がある場合に限り、3か月の予告期間をもって相手方に通告し本契約を終了させることができる。また、正当な解約事由がない場合や即時に解約の場合は前条の保証家賃の3か月分を相手方に支払うものとする。

上記条文によると解除条項があるため、一見サブリース契約は解除が可能のように見える。しかし解約のためには、正当事由が必要というものの、裁判例を確認すると、

・よほど切迫した理由がなければ不可
・自己使用の必要性のみを理由としたサブリース解除は相当困難

・契約書上の違約は、信頼関係の破壊に至るほどの酷いものでない限り解約不可

という事実。サブリース物件を売却したとしても、新たな買い手も解除することができない、いわゆる不平等条約である。当然サブリース会社に賃料を中抜きされているがゆえに、オーナーがもらう賃料も減少するので、売却価格も下がる。売り手としては安い値段で売らざるを得ない。

一方でサブリース契約を継続しても、築年数が古くなれば家賃の下落、修繕費の増加で収支は悪化する。よって、経営の巧拙はもちろんあるものの、それよりもサブリースがそもそもの不動産経営のボトルネックというケースが非常に多い。

サブリース契約を取り交わすときは、「一括借り上げで面倒なこともないですよ」という売り文句がよく言われるが、そもそも建築コストも割高、賃料も10～20％中抜きされる、さらに途中で賃料が減額される、エアコンの交換や法定検査等でサブリース会社の利益を乗せて所有者に費用が請求される、かといって契約が解除できない、という五重の泥沼に入り込んでしまっている。このような状態に陥っているということを知らないオーナーも非常に多い。日本は平和すぎるとも思う。

しかしそれほどまでに不利益なサブリース契約を法的に解除できない理由はなぜか。それは、

「借地借家法によりサブリース会社が守られている」という背景がある。借地借家法は、不動産の賃借人を守る法律で、通常は、

「所有者→実際の入居者（賃借人）」

という関係なのだが、サブリース契約では、

「所有者→サブリース会社（賃借人兼転貸人）→実際の入居者（転借人）」

という構図があり、借地借家法により、賃借人であるサブリース会社が守られ、所有者の立場が弱いという、おかしな状況になっているのだ。

一般に、消費者契約法などは個人と法人の関係で立場の弱い個人が守られるものだが、サブリース契約ではその逆で、法人が賃借人という立場に基づいて守られ、個人が賃貸人という立場に基づいて不利な立場になっている。


面倒な手間をサブリース会社にやってもらうということ自体は、「お客様の手間を解決する」商売として成り立つが、サブリース契約を一度結んでしまうと更新時も含めて半永久的に解除できない。たとえ解除条項があったとしても、借地借家法と判例によって解除ができず、契約関係が続いてしまうという底なし沼なのである。

これからサブリース契約をされる方は、「泥沼である」ということを認識して契約されるべきだろう。もちろんサブリースという商売をしている全ての会社が解除に応じないわけではなく、

最大手の会社群はサブリース解約に応じることが多いものの、中堅や中小や地方の業者などは強硬な姿勢で解除に応じず、トラブルになることも非常に多い。

またこういった事案は弁護士に介入してもらえれば何とかなると、勘違いされている方も多いがさにあらず。弁護士は法の番人であるため、「借地借家法であるサブリース会社を解除するのは難しいですね」という回答になるだけである。解除できることもあるが、ケースバイケースであり、基本的にはサブリースには手を出さないというのが正解である。

この医者の話には後日談がある。彼の頑張りとサブリース会社の経営不安が重なり、サブリース契約を解除することが数ヵ月後にできた。サブリース会社から送られてきた賃貸借契約書を見ると三室とも賃借人は「不動産業者」であったのだ。

つまり、どういうことかというと、医者↓賃借人サブリース会社↓転借人サブリース会社↓本当に借りている人。という内容だったのだ。俗にいう「サブサブリース」という状態になっていたのである。医者とサブリース会社との契約書を見てみると転貸可の条項が入っており、契約書上もサブサブリースが可能となっており法律的には問題がない（あくまで法律上は）。

そして我々が調査をしてみると、この本当の賃借人は三室とも風俗業者の待機場所などの風俗営業会社に賃貸されていたということがわかったのである。このような現実を知ってもサブリースに出す人がいるのだろうか。

○世に出まわる収益不動産は残りもの

収益不動産（家賃収入を得るために購入する不動産のこと）で掘り出し物を見つけるというのは、相当難しい。というのは本当にイイ不動産の掘り出し物はまず最初に情報が行く不動産会社が買ってしまうのだ。

しかし、金額が一〇億の不動産が出てきて不動産会社の手持ちが一億であったら買えない。そこでなじみの富裕層や法人に話を持って行き、彼ら不動産会社は売買を仲介するということになる。

しかしその一〇億の物件がよいものではなく、簡単に売却できない場合やなじみの富裕層や法人が買わない場合、インターネットなどに掲載して売買の仲介をするようになるということである。

つまり、不動産に関して一般のエンドのお客さんに入ってくる情報というのは少なくとも一次選択（業者が自分で買うか）、二次選択（なじみの富裕層や法人が買うか）というのを経て、売れずにきたものである。

そういう点で、富裕層であったり、この法人に不動産を持ち込んだら絶対買ってくれるというような信用力がある買い手の場合、そういった良い情報が自然と入ってくる。一部の人や法人に情報が集まるのである。

これはM&Aなども全く同じ構造になっている。M&Aも本当にイイ会社は一部の優良法人などが買ってしまうものであり、ネットのM&Aサイトなどに関して掲載されている会社に関しては正直良い会社はほとんどない。むしろ良いものを探すという観点で言えばM&Aと不動産は非常に近い業界ではあるものの、M&Aの方が業界ができて日が浅いため、しっかりとしたルール整備が出来ておらず顧客重視になっていない業界である。まだ数段不動産業界の方が顧客を守っている業界だなと感じている。手数料に関してもM&Aの場合、仲介手数料の方が購入する会社の値段より高いということが小さな会社ではよくある。仲介手数料一五〇〇万、会社の値段は五〇〇万などの具合だ。

一方で前述の通り何度か比較しているが上場有価証券はしっかりと顧客が守られている。たとえばトヨタとかの日本株、米株であればエヌビディアなど、上場していれば、だれでも買うことができる。よって非常にフェアな取引である。自分がこれだという掘り出し物を探し当てることができるので非常に面白いと思う。

しかし有価証券と比べて不動産は長期の銀行融資が付けやすいという点で有価証券よりも有利であり、インフレ下においてはキャピタルゲインを得られる可能性があるということ、また日本においてはイギリス的なピークを越えた国ではあるが、イギリスと異なりご飯もおいしく、人も優しく、人種差別もなく、非常に素晴らしい点がたくさんあるので、没落するというよりはこれからイギリスの上位互換の国として発展していくのではないかと考えている。

そのような点で日本の不動産も良い選択肢となるであろう。実際、中国人をはじめとする外国人が分散投資の一環として日本の不動産を大量に買ってきているのは事実である。

○節税について

資産運用に関しては二面を必ずチェックする必要がある。収益性の側面と保有や売却時の税金の側面、この両面を必ず見る必要がある。

前述の通り、富裕層は間違いなく出口をきちんと考えて投資する。前述に税金面を簡単に触れたが、もう少しきちんとふれてみたい。

例えば、株も不動産も金なども投資には必ず、出口がいつか訪れる。

例えば、売却したときの上場有価証券の課税は20・315％の税金であるが、不動産に関しては保有期間によって異なる。五年超で20・315％、五年未満で39・63％の譲渡所得税が課税される（個人の場合）。

さらに購入時に不動産は仲介手数料が原則3％＋6万円かかるし、登録免許税や不動産取得税が合計で原則5％前後もかかる。有価証券投資に関しては世界的な手数料引き下げ圧力によってネット証券を使えばほぼタダ同然になってきている。ちなみに金に関しては投資対象が現物か指数かによって異なるが、現物の場合は、所有期間が五年以下だと短期譲渡所得となり、増えた分が総合課税となって、他の所得と合算されそれぞれの税率による課税を受ける。

（1）所有期間が五年以内の場合
売却価額－（取得価額＋売却費用）－特別控除50万円＝課税譲渡所得金額
（2）所有期間が五年超の場合
｛売却価額－（取得価額＋売却費用）－特別控除50万円｝×1／2＝課税譲渡所得金額
五年超だと（売却益－特別控除50万円）×1／2×税率になるので、所得が半分になるメリットはある。
金に関しては現物の場合、「オファーとビット」と言って売値（オファー）と買値（ビット）の値段が最低一〇〇円くらいは離れているものだ。買値が一万七〇〇円で売値が一万六〇〇円という具合だ。要は同時に売り買いすればその乖離分損をするがそれが手数料の一部ともいえる。
例えば、金現物が九〇〇〇円だとする。そもそもなぜ今金が九〇〇〇円かその値段構成も知る必要がある。金は一グラム一万円を超えたという値動きが最近でも話題になったが、そもそも金の値段はドルに連動しているのだ。どういうことかというと、今の金のドル建ての値段が一トロイオンス一九五〇ドル。つまり日本円の1グラム当たりの金価格は、
1950÷31・1035G×147円＝9216（1g当たり）
ということになる。
金の値段が九二一六円で買うときは九五〇〇円で、売るときは九〇〇〇円になるということだ。これがオファーとビットが離れているということなのだ。

アンティークコインなども一定数のニーズがあるがこれはまさにタワマンの一〇〇倍くらいのものだと考える。つまりアンティークコイン自体は金の含有量などに比べて等価な価値はない。

金貨的に一万円の金の含有量でも一〇〇〇万や二〇〇〇万の価値が付いてしまうものである。よって値段と本質的価値の乖離が高い。「このように小さなもので多額の価値があるので簡単に次世代に引き継げますよ、相続税の節税になりますよ」という言い方をする人もいるが、実際親から子供に引き継ぎ、相続の申告（親が亡くなったとき）時にこの金やコインを財産として計上しない場合、そのアンティークコイン業者に税務調査が入って顧客リストから誰が買ったかすぐに判明してしまうし、税務署にバレなくても表に上げられない事態になる。

もっとも、アンティークコインの会社がつぶれてしまえば、顧客名簿もどこかに行ってしまうので、たしかに闇から闇ではあるが、それをわざわざ狙ってやるのもアンティークコインの値下がりリスクと天秤にかけてもそこまで優位性のある取引と言えるかと考えるとイマイチであろう。

○もはや富裕層の節税は厳しい時代

私がこの手の業界に属していて感じるのだが、最近の当局の節税封じにはかなり当局の本気度がうかがえると思う。

ルールというのは常に当局によるＰＤＣＡ[※1]の繰り返しなので、従来通用した税金対策がダメになるのは当然と言えば当然である。とくに富裕層に対しての税金対策は年々厳しくなっている。

法人の決算対策に関しては税金対策の万能選手であった生命保険がほぼほぼ骨抜きになった。決算対策用の法人保険がもう何もないのかというとそうではないが、当時が一〇〇とすると今は一〇くらいしか選択肢がない。

タワマンに関しても今まで時価が一〇〇だとしたら、相続税評価が二〇や二五になったものが、二〇二四年以降の相続税評価は六〇くらいになってしまう。そうは言ってもタワマン節税はなくならないだろう。理由は現金だったら一〇〇は一〇〇だ。現金を持ったまま亡くなったら、その現金の相続税評価は一〇〇として評価される。しかし二〇二四年以降、今後もタワマンは一〇〇で買ったものが、六〇として評価されるので一定の評価減対策としての効果があるのは間違いないからである。タワマンに限らず、不動産の評価減対策としての優位性は全般的に今後も残る。

政府の歳入に占める相続税の割合は２％強のため、ここをいじったところで爆発的に税収が増えるわけではないし、実際そんなことをしなくても税収は増えている。

税務当局としては「富裕層から増税しています」というアナウンスメント効果は必要なことと考えているのであろう。また足場やドローンなど、様々な節税策に関して当局がそれを塞いでいくスピードも早く、通常であれば数年放置されるような事案であっても、即、ルール上の網がかけられている印象である。特に短期償却資産や即時償却系の節税[※2]（ドローンや足場）に関しては即、蓋をされたと感じる（もちろん90％の戻りであれば引き続き現在もＯＫという解釈もあるが）。

そのような点では二〇一〇年代は太陽光も今よりはるかに条件が良く、生命保険もあり、オペ[※3]

レーティングリースもある当時は、非常にいい時代であった。オペレーティングリースは今、保険に変わって一番の決算対策商品として売れている状況で、優良な案件が出れば即時売り切れという状況である。

デフレの時代と共に富裕層や儲かっている法人に対する税金対策については、もう牧歌的な時代は終わったのかもしれない。しかし資産を一五〇〇億円以上保有している超ウルトラ富裕層に関しては引き続き、様々な工夫を凝らし、節税できてしまっているというのが二〇二三年一〇月のEUが創設したEU TAX OBSERVATORYの調査でも明らかになっているが、世界中でも数千人と言われる圧倒的少数派の話であり、例外と言ってもいいだろう。

※1 PLAN →DO →CHECK →ACTIONの略

※2 ドローンや足場など、単品で見ると少額減価償却資産で即時償却（全額その年の経費とする）できる資産をまとめて購入して貸し出す節税法

※3 ある年に短期的に膨らんだ利益を繰り延べるために使われることが多い決算対策商品。具体的には、投資家（税金対策したい法人や個人）が航空機や船舶等のリース事業に投資し、リース期間中に発生した事業の損益を取り込むことで、利益の繰り延べ効果を享受するとともに、リース満了時又はそれ以前にリース物件を売却して、キャピタル・ゲインの獲得を目指す一連の取引。

○一次相続と二次相続の税額軽減

つぎに富裕層のフローにかかる税金ではなく、ストックにかかる税金である相続税も少し考えてみたい。ストックにかかる税金の代表は相続税。相続税は親で考えると二回課税される。一次相続と二次相続である。父親が亡くなったときが一次相続、母が亡くなったときが二次相続と言う。もちろん父母の亡くなる順番が逆のときは一次相続が母、二次相続が父となる。

よく受ける質問として、配偶者の税額軽減がある。「一億六〇〇〇万もしくは法定相続分どちらか多い方を配偶者が相続したときは、その配偶者の相続税がゼロ」というものである。これは当然のように使った方がいいんでしょ?と理解している人が多いが、それも夫婦それぞれの資産保有状況によって異なる。

傾向としては「資産家になればなるほど、配偶者の税額の軽減を使わない方がいい」。理由は配偶者の税額軽減は一次相続でしか適用されない特例であり、二次相続ではその特例がないからだ。つまり問題は先送りせず、数億円の資産がある場合、一次相続ではせいぜい配偶者の相続割合は20%程度にとどめておいた方が一次相続・二次相続の合計の相続税は軽減できるケースが多い。もし配偶者に固有の財産がある場合はなおのことだ。例えばここでシミュレートしてみよう。

例1

保有資産を父が二億円。母が五〇〇〇万円とする。子供は二人。この場合、父が亡くなった場

（例１）　　単位：万円

配偶者の相続割合	**10%**	20%	30%	40%	50%
１次相続税	**2430**	2160	1890	1620	1350
２次相続税	**320**	620	960	1360	1840
合計（万円）	**2750**	2780	2850	2980	3190

合の配偶者の税額の軽減をどの程度適用した方がいいだろうか？　この場合のパターンは以上の図の通りとなる。つまり、配偶者には10％しか相続させない方がトータルの相続税が二七五〇万となり、お得となるのだ。一方でよくある誤解の50％配偶者に相続させると一次相続・二次相続トータルの相続税が三一九〇万となってしまい、四四〇万も10％の方が得であるということがわかる。

もちろんそうは言っても、配偶者の暮らし向きが悪くならないように、配偶者に多めに相続させるケースもあるだろうし実際は様々な要因が絡んでくる。しかし税金だけのことを考えたらこのように理屈で即回答が出せるのである。

もう一つ。

例２

資産が父親が五億円。母が二億円とする。子供は二人。この場合、父が亡くなった場合の配偶者の税額の軽減をどの程度適用した方がいいだろうか？

この場合のパターンは次の図の通りとなる。つまり、配偶者の相続割合は０％にして配偶者に相続させない方がトータルでの相続税が三〇〇〇万円も

（例２）　単位：万円

配偶者の相続割合	0%	10%	20%	30%	40%	50%
1次相続税	**1億3110**	1億1799	1億488	9177	7866	6555
2次相続税	**3340**	4920	6920	8920	1億920	1億2960
合計(万円)	**1億6450**	1億6719	1億7408	1億8097	1億8786	1億9515

安くなるということがわかる。

配偶者の相続割合をセオリー通り50％にしてしまうと一億九五一五万円で、0％にした時の一次相続・二次相続の合計が一億六四五〇万円で済むので三〇〇〇万円強も安くなるということである。


地元の税理士で高齢の方や会計中心で相続をあまりやっていない税理士、仕事が忙しくて考える時間がない会計顧問の担当者（税理士勉強中の社員）はこのあたりのアドバイスを求められた場合、「配偶者の税額軽減をフルに使えばいいじゃないですか」、とよく考えずに回答しているケースが非常に多いと感じる。

じつはトータルで何千万円も税額は変わるのにもかかわらず、ちょっとよくわからない質問が来た場合、「メンドクサイ」と思って適当に答えたり、「調べますね」と言っても実際調べてくれなかったり、そんな経験は誰しも一度はあると思う。皆さんの担当者はどういうタイプの人間だろうか？

また、現在はホームページ等で様々な専門家に簡単にアクセスできる時代になっているが、看板に偽りアリというケースも多い。最近は相続が一大ブームなので「相続専門」という看板はホームページ上でよく見る。しかし実際は「会計専門だったが、相続をただ今勉強中」という内実の会計事務所も多い。

相続は税理士にとって非常にお金になる。法人の会計顧問の顧問料は一年で大体一〇〇万円もらえたらいい方（一般の非上場企業）。ところが相続は税務申告で大体都内に自宅を持っているような人も一〇〇万円程度になる。つまり一年一社と同じ収益が相続申告一件でしかも法人より手間は少なく稼げるのだ。そのような点で割のいい商売のため、「〇×会計事務所」という看板なのだが相続専門です。という言い方になる。


いずれにせよ、二次相続を見据えた、一次相続の遺産分割に関しては「配偶者の固有の財産」と、「その人の資産」によってどの程度配偶者の税額の軽減を使えばいいかは人によりけりなのだ。

税務署でさえ、きっちり会計と相続は部署が分けられており、別々の人間が担う。法人課税部門、資産課税部門（相続などをやる部署）という具合だ。よって一人の専門家が全部をやっているような会計事務所の場合、上記のような一次相続のときに、どの程度配偶者に寄せるべきか、配偶者控除をどこまで使うべきかという問題に関するミスリードや間違いが様々な箇所で発生する。専門家に頼む側の皆さんがそのあたりを十分に理解したうえで相談されることを強くお勧めしたいと思う。

病院も街のクリニックでさえ、内科、外科、耳鼻科、歯科等専門に分かれているが、税務はそんなことはなく、一人の先生が会計も資産税もやっているというところでこういった「配偶者の相続割合何パーセントが最適か？」でさえミスリードされているというのが現実なのである。

○良い営業マン、悪い営業マン

不動産を買おうと思っているとき、資産運用をしようとしているとき、またよくわからない投資方法に出会ったときなどは、その営業担当者自身に三つの質問をしておこう。「まず、その担当者自身がその投資をしているのか」「投資している場合、どの程度の期間と金額を投資しているのか」「自分の親にもその投資を勧めることができるのか」である。

なんだかんだ、よくわからないよく理解できない言い訳をして煙に巻こうとするような営業だったり、ゴニョゴニョ言っている営業は弾くことが出来る。もちろん生粋のウソや手慣れた営業マンでは無理だが、ある程度の「ただ売りたいだけの人」からの営業を避けることは出来る。「仕事として勧めているのか」「本気で勧めているのか」を判別することは一定割合できる。多くの場合「仕事として勧めている」だけなのだが。このあたりの質問を何度も何度も突っ込んで聞くことで意外と営業マンの本音が出る。

その人は本当に専門家なのか、自分でも心底いいと思っているのか見極めてほしい。なぜならば、前述の通り多くの人はいくらでもフロー収入が入ってくるわけではないので、貴重な退職金や親から相続した資産、投資で大きな失敗が出来ないからである。

難しいのはワンルームマンション投資などの営業マンに関しては自分自身を洗脳していたり、平気で嘘をついたりするケースが多い。ＬＴＶが１００％を超えるような投資用マンションには一切手を出さないというのが正解かもしれない。

富裕層が一般の人と違うところはそういった投資話の営業をたくさん受けている。そこで自然と選球眼ができている。一般の人はそこまで営業を受けていないのでついつい大金を手にしたときなど失敗して、前述の雪だるまを作るチャンスがあるのに台無しにしてしまう。

ちなみに私は投資用マンション一室を複数買うのと、一棟マンションを買うのはどちらがいいのか？という質問をよく受けるが答えは一棟だと思う。わかりやすい話で言うとトマト理論だ。スーパーでトマト一個買うと一〇〇円だが、四個だと三〇〇円で買える。そういうことだ。よって区分所有を一室ずつたくさん買うお金があるのであれば一棟買うべきと考えている。

「投資用マンションの不動産屋の営業マンが熱心で……」「金融機関の担当者に熱心に勧められて……」などを理由に購入される方が多いが、そういう方に限って損をしがちである。

それは営業マンの熱意は多くの場合、「自分の金儲けへの熱意」もしくは「ノルマ達成（それだけ上からの圧力がある）への熱意」であって、「お客様の問題を解決したい」という熱意ではない。

ついついその熱意にほだされるのかもしれないが、そこにお金が絡むと厄介である。時間があったり、その営業マンがイケメンであったり、美人だったりすると心を動かされがちであるが、そこは冷静でいたい。少なくとも関係性がまだ浅い人間が熱心に言ってきた場合は「いつもそうやってグイグイくる性格」の危ないヤツか、「自分の金儲け」「会社からの圧力でテンパってる営業マン」という風に分類すべきであろう。資産運用や不動産、税金対策などのお金にかかわることと熱心さは別物だと割り切って考えるのが鉄則と考える。人生という長いマラソンを我々は走っているとすると、それはただの「沿道のヤジ」でしかない。

○ネットに核心の情報は載っていない

今ではインターネットになんでも情報が載っている。なので少し調べればネットでなんでもわかる。そんな時代になっている。しかしネットの情報はあくまで玉石混交であり、本当にイイ情報はネットには載らないし、載せたくないというのが本音である。とくに私は自分で毎月原稿をダイヤモンド・オンラインなどに書いているが、持っているノウハウの一部分しか書かないし、本当の秘伝の秘は載せないようにしている。

先日、ある分野の専門家とも話したのだが、彼は士業の先生向けにセミナー講師をつとめている所謂先生だ。一講義あたり一人数十万円をとるような「ある専門分野のパイオニア」である。彼は講義で一人三万円のときと、一人三〇万円のときと話す内容は金額によって変えるし、そもそも一人につき三〇万円もらったとしても、その話に関しては秘伝中の秘は明かさない、と言っていた。それはその秘伝を明かせば明かすほど、同業他社に真似をされるリスクもあるし、それが一般化することで彼の業務のエッジが立たなくなってしまうし、あくまで彼しか知らないというのがミソなので話す内容には気を付けていると言っていた。

まさにその通りで、ネットの情報では一般的な話に関しては参考になるのは事実だが、深い部分や実務的な部分に関しては、一段階、二段階くらいベールを張ってわからないように書いているというのがアウトプットする側の本音である。よって、ネットで軽く検索するということ自体は悪いことではないし、大事なことだが、それ以上踏み込んだ知識を得ようとした場合、ある程度お金を払うということは非常に重要だと考えている。ただほど高いものはない。

○「銀行との付き合い」を大切にするな

会社経営者や色々な人と話していて「銀行との付き合いがあるから銀行で○○をする、購入する」という方は非常に多い。

しかし残念ながらその銀行との付き合いは多くの場合、担当者が替われば変わる。非上場企業の中でもある程度会社規模も大きい（売上で一○億以上であろうか）、企業経営者系の富裕層の場合は、担当者が何人替わっても平身低頭であり、銀行との付き合いなんか考えなくても融資は受けられるし不都合はない。

つまり力関係は銀行＜顧客である。しかし、そうでない場合は銀行との付き合いがあった方が融資が受けやすい。つまり銀行＞顧客という関係の場合、正直その担当者のときはそれで融資が受けられるわけだが、担当者が替わった場合、たとえ前任の担当者でいろいろ銀行のお勧めを買ったからと言って、融資が受けられるわけではない。

つまり、銀行＞顧客（銀行の方が偉い）の関係性の場合は、担当者が替わればすべて変わるということになる。そのような関係性に陥らないためにも付き合う銀行を変えればいいだけなのだ。メガバンク＞第一地銀＞第二地銀＞信金というステップになっていくので、もし、顧客＞銀行になっていないのであり、現在の取引先銀行が第一地銀なのであれば、第二地銀や信金と付き合えばいい。

「銀行さんが保険を勧めてきたので融資のために保険に入らないといけないか？」というとそんなことはない。そもそもその時点で融資先に保険商品をすすめること自体、業法で「弊害防止措置というものが存在」するのでそもそも銀行が保険を募集してはいけないケースであったりする。

いずれにせよ、お金＝証券＝保険＝ＮＩＳＡ＝クレジットカード全部一緒に提案しがちだし、銀行さんは変なことをしないだろうと考えている人も多い。しかし、それはあくまでＴＶＣＭと同じで「イメージでしかない」ので、そこは自分の力で判断しなければならない。まさに金融リテラシーだと思う。元銀行員の私が言うので間違いはないと思う。

○派手な金持ち、地味な金持ち

インターネットのニュースは玉石混交だ。中でも富裕層に関しての記事は人気のようで「本当のお金持ちは質素、お金持ちの生活スタイルは一点豪華主義」のようなものがアクセスランキングの上位になったりする。

しかし、実際はそんなことはなく、正直、人それぞれであるし、その人の資産形成のタイミング次第と考える。

事業が成功するなりして、富裕層の仲間入りをした社長がいる。徐々にいろいろな人から営業の提案を受ける。会社経営者でも職人系でその業務が好きという人は地味な人が多いが、体育会系の親分肌系であれば派手である。また、地主などは質素ということが多い。その理由はもともと農家であることや土地はあるが現金の比率は低く、10％以下であることも多い。

よって、一〇億あってもその大半が不動産であり、一〇億以上の不動産の場合、相続税が数億円になってしまうので、亡くなったら今保有している現金一億円も相続税で消えてしまうので、地味という傾向がある。

またブランドなども一点豪華主義を富裕層と言う人も多いが、色々なものを買ううちに自分の趣向がはっきりしてくるので、その一点を深掘りしていくので一点豪華主義になるものだと思う。色々なものを経験して行き着いた結果が服だったり時計だったり、絵画だったりするわけだ。

地主型の富裕層に会えば質素だが、現在進行形で資産を形成している富裕層は派手。しかしバイアウトして大きなお金が入っても、そのお金が入ってきた直後はそれなりにお金を使うので派手に見えがちだが、それが一〇年以上たてば、お金を使うことにも慣れたり、人生の出口を考えたりしていて、意外と地味になっている。よって一概にコレとラベリングできるものではない。

○「絶対に儲かる投資の本」は買うだけムダ

新聞を見ると広告でよく「○○投資術」や「○○デイトレード」などの本があるがこういったもので永続的に儲かるものは「絶対」になく、そのような本を買うだけお金のムダであり、読んだりするだけで時間のムダ、つまりお金と時間のムダである。

では、なぜ、そんなものを出版するのか？　それは書き手もその本を出版することで儲かるし、出版社も売れるから顧客のニーズに合わせて「本が売れれば儲かる」から出版するのである。

絶対に儲かるから出版するのではなく、そういうテーマが売れるから出版するだけである。相場は基本的に海のようなものであり、常に波が押し寄せたり引いたりしており、その波の形は常に変化している。その波が株価や為替の波動である。

なので、似ている波動のときに投資するとうまくいくという点で再現性はあるのだが、常にそうなる保証はない。一方で情報の非対称性があった場合、例えば中央銀行が緊急利下げを予告なしにするとか、相場に大きな影響を与えることをその人だけ、知っていた場合、その情報の非対称性に関して儲けることはできる。しかし、テクニカル分析などチャートのカタチで見て判断するのはあまりにも不完全な状態である。

つまり、当たるときもあれば外れるときも多いというものである。ただ、人間はどうしてもよりどころを求めてしまうので、◯◯さんというカリスマトレーダーがやっているとか、◎◎さんという有名な運用者がやっていることを真似して心のよりどころを求めているだけなのだ。投資の賢人と言われる人間の手法を真似ることもなかなか難しい。

というのは規模が大きくなれば、その業界で知られれば知られるほど、いい話はたくさん集まってくる。不動産であれば◯◯という会社はいろんな不動産を買い取ってくれるらしいよ、とか◯◯という会社はいろんな会社に投資してくれるらしいよ、などである。

そうすると、有象無象含めてかなりの案件の相談が入ってくる。そんな中で吟味していけばいいので、ますます巨大化し勝ち組になっていくという形である。よって投資に王道はないのだ。

ただし、救いもある。それは自分のスタイルを築くことである。私も恥ずかしい話、最初は社会人一、二年目くらいは株をやって、よくわからず、子供が生まれたからという理由で幼児関連の会社の株を買ったり、為替が話題になったのでドル円を取引してみたり、そんな普通の、よくあるパターンで投資に入った。

そして、銀行に転職し営業していたら、たまたまお客さんの支持を得ることができ、であれば自分でファンドをやってしまおうという形で、運よく小規模なファンドをお金持ちの資金を集めて始めた。

四年間にわたり毎日お客様の資金をもとにウンウンうなりながら苦しみながら運用をしていた

ら、たまたま金融庁から投資ファンドの組成ルールが厳格化するというタイミングで、運用資金が少し増えていたのでお客様にお返しした。

　正直自分のお金を運用するのと人のものを運用するのではそのプレッシャーはかなり違うものだったが、そこで学んだこと、それが自分なりのスタンスを見つける、自分なりの資産運用との距離感を作る、それが一番大事なのではないかと思う。

　資産運用も人間も同じであるというのが私の結論である。たとえばAさんは毎日一緒にいても楽しい。Bさんは年に一度会うとちょうどいい関係。資産運用もそんな感じである。毎日相場と向き合った方がいい人もいれば、相場物は年に一度くらい保有銘柄をチェックするので十分な人もいる。自分はどちらが向いているのか、向いている頻度で投資にかかわればいいと思う。

　よって、資産運用に向いていない人が無理矢理に投資する必要はないし、それでもインフレで貨幣価値の減価を実感しているのであれば毎月積み立てなどでコツコツほったらかし投資をすればいいだけである。

○営業マンとの付き合い方

「この人すごい良い人だから」、「この担当者はマメだから」、というのもあなたの運用成績には全く関係ない。もちろん選択肢の一つにはなりえるが、そんなことは全く関係なく、「自分が増えると思った商品を提案してくるのか」「会社が売りたい商品を提案してくるのか」、ここの部分は重要と考える。

もちろん、優秀な営業マンであればそのあたりの切り返しの話法は持っているだろうし、ここの質問ですべて本物か偽物かを見極められるわけではないが、「自分を儲けさせることが出来るのか、自分より深い知識と実務経験があるのか」という観点で見てほしい。

そして前述の三つの質問をぜひ、金融機関の営業マンにぶつけてみてほしい。


私が勤務していた外資系の銀行（もしくは証券）というのは、日本人の海外信奉もあってか富裕層にも一定の支持がある。しかし多くは見せ方の違いで幻想に近いことが多い。例えば「海外で運用するとすべての問題が解決する万能な商品があるかのような幻想」や、「海外で節税すればなんでもゼロになるような幻想」である。

とくに、いち早くグローバル化した証券業務に関しては世界との差はほぼないと考える。あるのは手数料の差、くらいと思っていたが、ＳＢＩ証券や楽天証券が株式手数料の無料化に舵を切ったこともあり、これらまでほぼ海外との差はないと考えている。

富裕層向けのよくある金融商品としては銀行によってはＰデポなどと呼ばれることが多いＤＣＤ（デュアルカレンシーデポジット）のようなデリバティブを使った仕組み預金dual currency depositが代表例だろう。ＥＢ債やクレディ・スイスのＡＴ１債が価値ゼロとなって話題となった仕組債なども証券会社中心に国内外問わず、どこでも買えるわけだし、特別感は特にない。

しかし、外資証券や外資の銀行と取引しているとなんとなくイケてる感はあるので、一定数人気があるのは事実。ただ、どこも大差はない。いつの時代も金融リテラシーが低いお金持ちにプライベートバンクや証券会社が近づいてきて、出会うと、デリバティブや信用やらなんやらで大きな損をする、それが富裕層の通る道（富裕層になる道？）ではある。気のいいポジティブな経営者であればあるほど、熱心な営業マンを信じやすく任せやすい。そして大きな損をする。

前述の通り、富裕層は常にキャッシュが次々と新しく入ってくる状態を作っているので、資産運用を任せて失敗しても何度でも挽回がきく。しかしある程度の年齢、七〇歳を超えたような段階では徐々に保守的なポートフォリオにしないと失敗したときに取り戻しがきかないし、晩節を汚す可能性がある。冒頭に記載した女性社長の例のとおりだ。

レバレッジは人によって諸刃の剣であるし、若い時ならまだ挽回するチャンスは何十年もある。しかし歳をとったらもう立ち直りがきかなくなる。最近のプライベートバンクの傾向としては、ドル建ての優良企業の社債を６％で購入してもらう。その社債を担保に２％の金利で資金を貸す。そしてさらに６％のドル建て社債の同銘柄を購入させる。これで二階建ての社債をつくる。場合によってはさらに貸し出して同銘柄の社債を購入させ三階建てなども富裕層に売り込む営業も多い。

そんなことをやるのであれば、普通にＦＸで高金利通貨を取引した方が簡単で払うコストも低い。しかしプライベートバンクからの提案だと、普通の人がやってない取引なので、なんとなく

「スペシャルな提案」で良さそうに見えてしまう。豪華な都心のビルの高層階にある瀟洒な応接室でそんな取引を提案されると、ついつい購入してしまう、そんな仕かけがあるのだ。

自身の資産運用にレバレッジをかけていいのはせいぜい六〇代までだ。また投資信託でもトリプルブルやダブルベアなど、二倍三倍の値動きをするようになっているものもある。こういったものは、レバレッジがかかっているので七〇代などになって購入するのは本当に気をつけた方がいい。

○時代の黄金律を探せ

ゲームのルールは常に変わるしずっと同じというわけにはいかない。例えば私がいた金融業界は一昔前はとにかく売る人間が正義だった。数字が自分を守ってくれるという感があった。

しかし、時代は変わりコンプライアンスという法令を遵守する時代になっていくと単に数字をあげるだけではただの「危ないヤツ」になってしまう。それは資産運用も同じ。今まで日本は三〇年にわたるデフレの真っ最中であったため、ひたすらにタンス預金ではないが貯金をしていればよかった。

実際、デフレの最中である九〇年代初頭から株式投資をしていたならほぼ儲かっていない。それはデフレだったからであり、債券運用中心でよかったが今はそうではない。昔はマネジメントもパワハラＯＫだったが今はそうではない。テレビもメディアも思想信条セクハラパワハラモラハラすべてが緩い状況であったが、今は違う。

それと同じで、資産運用も何もかも時代にあったものにすべきであり、その時代というのがインフレであれば、インフレに舵を切った運用をすべき時代の入口に我々はいるのだと考えている。

第四章　投資しないと損する時代

○地政学リスクが台頭してきた時代

資産運用をする上で、注意しなければならないのが地政学リスク。地政学的リスクとは、特定の地域が抱える政治的、軍事的、社会的な緊張と、地理的な位置関係によって、その地域や関連地域の経済から世界経済全体に悪影響を及ぼしたり、特定の商品の価格を変動させたりするリスク。要は地震や戦争などによって周辺国の経済などに悪影響を与えるリスクと言い換えることもできる。世界全体で言えば、冷戦後は、アメリカという世界の警察がいたおかげで、グローバル化と共に大きな地政学リスクはなかった。

しかし、現在は第二次大戦後作られた世界のパワーバランスは前述のGゼロという世界にルールが変更したと考える。ロシアのウクライナ侵攻やイスラエル情勢、台湾問題を介した中国・ロシアなどの権威主義の西側諸国に対する挑戦、という地政学リスクが今後、資産運用の局所的な重しになる可能性は十分ある。

今まで通貨危機や金融危機の時代だったのが、これからは地政学リスクがもっともブラックスワン的なテールリスクの筆頭になるかもしれない。

そのような地政学リスクが台頭したときに上昇する代表格が、ゴールドだろう。暗号資産もそれなりに上昇する可能性がある。我々はそういったものも、お金が儲かるというよりはヘッジ、資産防衛的な価値観として組み入れる必要があると考える。メインはあくまでも世界の優良株に分散投資だが、それだけだと不安な方はゴールドは選択肢になるだろう。

○良い情報にはお金を払う

何かを選ぶときに値段は重要な要素である。高いモノと安いモノであれば安いモノがいいだろう。しかし最安のモノを必ず選ぶ人はどの程度いるのだろうか？　例えばコース料理。三〇〇〇円、五〇〇〇円、一万円とあったら、一万円だとちょっと高すぎるけど、三〇〇〇円は安すぎてそれはそれでちょっと……だったら真ん中五〇〇〇円というような選択だ。これはある程度資産運用などにも当てはまる部分はある。

良心的な営業マンに「コストばかり強調」すると、営業マンは「この人のために色々頑張ってみよう」という気が失せてしまう。少なくとも顧客を多く抱えている多忙な営業マンであれば「やる気が失せる」ということにもなるので、不動産のいい案件やいい情報を得るのは難しいと考える。もちろん営業マンの言いなりは良くないが、基本的には情報は無料ではないし、本当の情報であればなおさらであるということは考えた方がいい。

デフレスパイラルではないが、デフレになると↓賃金も上がらない↓社員はやめる↓会社もつぶれる↓人口も減る↓税収も減る↓その街から人がいなくなる↓ますます賃金も上がらないというスパイラルに東京以外の地域が嵌（はま）ってしまったように、インフレスパイラルの方がいいに決まっている。よって本当の情報は有料と考えるべきであり、そこにお金を払える人がいい情報を得られるというのがある。

○ただ同然のものに高値をつけるのが商売

暗号資産も太陽光（に適した土地）もそうだがただ同然のものが突如として高値として取引されることがある。

一番の成功例は暗号資産。もともとはアングラマネーや新しいもの好き、ＩＴに詳しい人など色々なものを巻き込んで代替資産としての価値を持つようになった。ＩＣＯ（いわゆるＩＰＯの暗号資産版のこと）する前に投資をした人は何百倍という価値の上昇の恩恵を得ることができた。

太陽光も同様。田舎の価値がつかない土地を開発して太陽光パネルを敷くことでそこに何百万何千万の価値をつくることができた（太陽光の設備の部分に値段が付くわけだが）。最近は別荘地をサブスクで月五万などで利用することもできるがこういった開発も同様。田舎の土地を安値で買って高値で利用してもらうという、ビジネスの基本的な考え方だ。

株式投資も同様。上場企業はすでにある程度の証券会社や監査法人のフィルターがかかったうえで、上場している。よってそれなりの値段が既に付いているので、テンバガーと言われるような一〇倍銘柄を探すことは簡単ではない世界である。

しかし、まだ価値が具現化していない非上場企業に投資するような未公開株投資は当たれば儲かる。非上場の状態から上場し、東証プライムまでトントン拍子に上り詰めれば非上場のときの投資金額の一〇〇倍などの大きなリターンが得られる。

やはり、投資の基本はただ同然のものを見つけてきて高値にさせるというのが商売の基本であり投資の王道であろう。

◯2・7%の富裕層

野村総研の調査レポートによると前述の通り日本で世帯純金融資産一億以上が富裕層、五億以上が超富裕層と定義されており、日本では2・7パーセントが当てはまると言われている。この本を読んでいる方の属性は様々だと思われるが、基本的にはここのゾーンにあてはまる人は意外と多い。

わかりやすいお金持ちというのは経営者、医者、地主等であろうが、それ以外にも公務員や有名企業のサラリーマンも退職金が数千万円単位で入ってくるのでこのゾーンに該当する可能性がある。そしてその子供たちが親の財産を相続することで富裕層になるケースが多いということは冒頭書いたとおりである。

日本ではお金を持っていること、お金があること、お金の話そもそもがタブーとなっている感が強く、お金を持っていないということを逆にアピールする文化さえもある。

私は大学卒業後、保険会社で七年、外資系の銀行で三年、そして独立して一六年になるが、とくに銀行時代の三年で、驚いたことがある。

それは、日本の高齢者は想定以上にお金をもっているということだ。銀行員という立場に立って初めて目の前の顧客がどの程度の預金を持っているかの答え合わせができるようになり、その経験が最初の驚きであった。

そして、独立して相続の業務にかかわるようになるとさらにその深みを知ることになった。相続はその人の人生の総決算であり、預金がいくら不動産がいくら、そして株がいくらなど遺産目録や相続税申告で一覧になるが、その業務を通して大体、職業によってこの程度のお金があるというのが肌感覚でわかるようになった。実際に統計上もそうである。

例えば、先ほど申し上げた有名企業のサラリーマンの場合、退職金が三〇〇〇万円出たとする。家のローンはすでに全部返済済み、都内の二三区一戸建て築三〇年の値段の時価は建物はほぼゼロでも、土地が五〇〇〇万、現預金や株などが二〇〇〇万で合計一億というのはザラである。とは言っても本人は準富裕層という認識はないだろう。この親の財産を五〇代の息子が相続したとする。すると彼（息子）は一気に富裕層に駆け上がるというわけだ。今までは現預金はほぼ定期預金のみという投資行動でよかったものの、今後はそうはいかない。理由はもちろんインフレだからだ。

日本はバブル崩壊後の約三〇年間、デフレの時代にあった。ところがコロナを契機か否かは不明だが日銀の金融緩和が理由ではなく、外からのインフレにより日本もついにデフレを脱却し、新たなインフレの時代に入ったというのは納得いただけると思う。

実際二〇二三年夏、日本のＣＰＩ（消費者物価指数）の上昇率はアメリカを八年ぶりに追いぬき逆転した。このインフレの時代に今まで通り「キャッシュイズキング」で預金だけしていたら、残念ながらデフレではないのでインフレに負けてしまう時代に入っている。

要はこのまま預金だけしても物価の上昇に金利の上昇はまだ追いつかないので微減していくということである。またインフレ＝資産価値の上昇でもあるので、不動産や動産、株なども上昇することが想定できる。事実株は上昇している。

なぜ、株が上昇できるかを考えてみよう、株価はＥ／Ｒ－Ｇの式で説明できる。ＥはEARNINGSのＥ、つまり利益。Ｒはリターンで投資家の期待リターン、ＧはGROWTHで成長率＝インフレ率である。ＥやＲが変わらず、インフレでＧの数値が大きくなれば、その分、分母は小さくなる。

そのような企業が株価であるPRICEが上がる、ということになる。実際のところはＥやＲはバラバラの動きをすることになるので変わらずということは難しいが、Ｅの利益、つまり価格転嫁できる企業に関しては分子が大きくなるし、経験則的にインフレになると株価は上がるというイメージはこれを想定してもらえればわかりやすいと考える。

実際に他の国のインフレによる影響を見てみたいと思う。

トルコはエルドアン大統領の二期目の二〇一四年から独裁化が進み中央銀行の金融政策にまで

文句を言うような独裁国家だが、実際のところインフレが進んでいる二〇二三年現在40％のインフレ率である。経済的にもインフレが進み大変な状況だとは思うがトルコの日経平均株価にあたる代表的株価指数であるイスタンブール一〇〇は右肩上がりに上昇している。なんとなく業績がいいから株価が上がるとか実体経済が良いから株価が上昇するというわけでもないということがわかると思う。

○アメリカ人は運用上手なのか

ちなみにもっと言うと株価はPER×EPSの式に分解できる。PERとは株価収益率であり、EPSは一株当たり利益のことである。

そうはいってもわかりづらいのでもう少しかみ砕くと、「PERは株価が何年分の利益を織り込んで値段が付いているのか」ということであり、「EPSはその会社が一株当たりいくらの利益を年間稼いでいるのか」を数値化したものである。

その現在の日経平均株価全体ではPERが一五倍でEPSが二一七〇円なので15×2170＝3万2550円と株価の説明ができる。

先進国平均の一八倍まで行くと18倍×2200円で日経平均は39600円となる。またアメリカと同水準のPER21倍まで行くと、4万6200円となるわけだ。もちろんPERもEPSも順調に推移しての話だが、このような株価水準が当然になる可能性もあるのだ。

よく、アメリカ人って運用上手なのですか？と聞かれることがあるがそれは違う。別にアメリカだけが運用上手な民族であるとか、素晴らしい金融商品があるとかいうわけではない。それは冒頭で触れているが、ＳＰ５００やＮＹダウをはじめ、とにかく株価が右肩上がりという理由だ。右肩上がりはすべてを解決するということなのだ（かつての日本も同じであったのだがバブル退治を失敗してデフレの30年を歩むことになった）。

アメリカのＳＰ５００という、日経平均と同じような代表的株価指数の推移も、アメリカの住宅不動産指数の推移も、リーマンショックなどで多少の凸凹はあるものの何十年にもわたって右肩上がりになっている。つまり右肩上がりなのでいつ飛び乗っても基本的には損しない。このようなものにドルコスト平均で毎月積み立てようが、一気に投資しようが年単位で投資・放置すれば基本的に上昇する、皆が儲かるということなのだ。アメリカはそこにＩＲＡと４０１Ｋが七〇年代に制度化されたために投資をしていたことで、多くの国民がその右肩上がりに乗っかったということである。

日本株のチャートと日本の住宅用不動産のチャートを見ると、いずれも凸凹しながら右肩上がりになっていないという状況が分かる。

とくに八〇年代で投資をやめていた人はともかく、可処分所得もあり投資ができる多くの人が五〇代以上ということを考えると、一九九〇年代（いまから三〇年以上も前に）投資した人は得をするのが簡単ではない。よって日本人は投資で必ず得をしているわけではないので「投資は難しい、アメリカ人ってなんか投資上手」という間違った認識ができるというわけだ。

しかし、三〇年にわたるデフレが終了し、インフレの時代となればこれもまた異なり一九七〇年代前後の日本と同じような形になれば多くが右肩上がりの時代となり、投資で得する人も増えると思う。要はインフレの時代かデフレの時代かを見極めて投資するしないで結果は異なり、投資の巧拙は多少はあるが基本はその時代の波に乗るか乗らないかというだけの話であると考えている。

たとえば、読者の方も前述の通り、デフレマインドでキャッシュイズキングということで預金にしたままであるとする。日本は現在日銀の掲げる2%の物価目標、つまり消費者物価上昇率が年率2%で上昇するという目標通りに来ているが（実際は二〇二三年六月で3%強など高い状況にある）その場合、現在一〇〇〇万円の預金は、年に2%のインフレが一〇年続けば預金金利がゼロだと八二〇万円、二〇年続けば六七三万円の価値に目減りするという計算になるのは冒頭でふれた通りである。実際は預金金利が0・001%なので、税引き後約八〇円利子がつくわけであるがここでは計算を簡単にするためにゼロとしている。

○インフレ対策としての株式投資と不動産投資

今年一〇〇〇円で買えたものが来年には一〇二〇円になるわけで貨幣の減価が起きるのである。この場合の対策は何がいいのだろうか。それは現物を買うことであり、株や不動産がインフレ対策になる。実際他の国のインフレを見てみると非常に興味深いことがわかる。先ほどトルコの例をあげたがアルゼンチンの例も興味深い。この国はトルコよりももっと経済的にはひどい状況で国家破綻を何度も繰り返している国である。

二〇二三年もインフレ率がトルコよりもひどい年率100％を超えている状態で通貨アルゼンチンペソも暴落している。

またトルコ同様アルゼンチンの代表的株価指数MERVALも右肩上がりの上昇を続けている。このようにインフレは基本的には株価指数の上昇という形になるのでお金がある人は資産運用でお金を儲けよう！というよりは、資産防衛のために投資をする必要があるというわけである。

またそこで不動産投資はどうなのだろう？という話が出てくるが、ここでインフレ対策として株式投資と不動産投資の違いを見てみたいと思う。結論としては両方やるべきと判断するが、それぞれの違いは知るべきと考える。

投資とは第一に投資するものを探す、第二に適正な価格で買う、第三に保有する、第四にメンテ、第五に売却するという5つのステップがある。

まず、第一に投資対象を探すという作業だが、株式投資は投資家たちにとってフェアである。

理由は上場有価証券であれば上場しているので誰だろうが基本的に差別なく投資対象を検索機能などを使ってピックアップすることができる。

日本だけでも上場企業数は四〇〇〇銘柄、投資信託などは六〇〇〇本もある。米株も買おうとすると六〇〇〇社以上も存在するので大変と言えば大変だが検索機能などを使えば自分で何とかなる。

一方で第一の投資対象を探すという作業は不動産では圧倒的にアンフェアだ。不動産投資と言えば最低数百万、普通に数千万、数億、数十億円のものもある。

一般的には数億以下が最も物件の数はあるが競争も激しい。新聞の折り込み、ネット広告、ネット検索で得られる情報の中で掘り出し物は少ない。理由は数億以下の物件だと本当にイイものはマーケットに出る前に不動産業者が自分で買うか、上客に先に案内されてしまうからだ。

よって、一般の目に入る物件は上物ではなく少なくともフツーということになる。数十億規模だと買える人が限られるため、そのような意味では掘り出し物はあるが、一般的にはなかなか簡単ではないというのが実感である。

第二に適正な価格で買うという点で言うと、証券投資は上場しているので流動性がありかつ同じものがいくつも存在する。例えばトヨタ株。トヨタの株は一六〇億株発行されているので値段さえ妥協できればいくらでも買うことができるし、また日中であればいつでも売ることも可能である。

一方で不動産の難しいところは同じ物件は二つとない。よって適正な価格で買うということはオンリーワンのため簡単ではない。ある東京の二三区の収益物件を五億という値段で買おうとしても、もう一人五億五〇〇〇万で買う人がいた場合、そちらに取られてしまう。よって非常に適正な値段で買うのが難しいといえる。

第三に保有するという点でいうと、保有しているだけで証券投資では通常２～３％の配当がもらえる。税金は原則20％であるので税金的に安いといえる。一方、不動産投資に関していえば賃料収入が入るのでメリットと言える。法人で保有するにせよ、個人で保有するにせよ税金的には規模にもよるが一棟・築年数、ＲＣか木造か鉄骨かによって複雑に変わってくる。そう単純な話ではないが上場有価証券に税金的には軍配が上がる。

そして第四にメンテナンスの話である。証券投資であればとくにコストはかからない。不動産投資は管理費や修繕費などメンテナンスフィーがかかるのが不動産と言えそうだ。不動産は管理することがあるので他人に任せるにせよ、一定のフィーを払わなければいけないため、利回りは多少落ちてしまう。手軽さで言えば有価証券だろう。

そして最後に売却する場合、証券投資のときは基本（東証プライムであれば）流動性があるのでいつでも売りたいときに売却が可能。一方で不動産は相対取引なので売りたいときにすぐ売れるというわけではない。価格次第だが一年くらいかかることもある。

また、全般的に手数料に関しては証券は非常に安くなってきているのでコストがかかりづらい。現物株式に関してはネット証券を使えばほぼタダ同然の手数料である。一方で不動産はなんだかんだで手数料は安くはなっていないというのがある。

また不動産は自分で手をかける（リノベしたり、満室にするために自分で不動産業者に営業する）余地が大きいのに対して、証券投資の場合、議決権行使ということくらいしか株主としての意見を反映させることができないという点で、自分が介在できる余地に関しては不動産に軍配が上がる。多数決で運営する株式と、一棟持っているのであれば自分の一存でなんでもできる不動産である。

一方で、証券投資は外部要因によって左右されることも多く、世界中の経済活動を反映する。例えばアメリカの利上げや、中国発のイベント、英のEU離脱ブレグジットなどで直接的には関係なくとも株が下がったりすることがある。これが外部要因。

一方、不動産はそこまで世界の他国の状況をダイレクトに反映しづらく、反映しても直接値段がダダ下がりするようなことは少ないと言える。インフレ下には両方投資すべきだが、これらの違いをよく理解したうえで、投資の濃淡をつけるべきと考えている。

まとめると、株式投資（上場企業の有価証券投資を指す）はフェアだが自分の色が出しにくく、世界経済の影響を直接受ける。税金も安い。一方で不動産投資はアンフェアだし税金は高いが自分の色を出しやすく、世界経済の影響を受けにくいと言える。また、投資金額は証券投資は小額からできるが不動産投資はそうではない。お金があればあるほどいい物件をつかむことができる。いずれにせよインフレ＝資産価格の上昇なのでタンス預金が最も愚策と考える。

○何もしないことはかなり大きなリスク

そうはいっても、我々三〇年にわたるデフレマインドがしみついているので、パラダイム転換と言われても今一つ資産運用に対する第一歩は踏めないと思うので、ここにいくつか他の方向から見ていきたいと思う。

まず、一九八〇年代の日本の消費者物価指数七〇は二〇年間かけて一〇〇へ上昇した。そして九〇年代からデフレに入りキャッシュイズキングへと変わっていくにつれて株価も下落。日本の不動産も圧倒的に上昇。しかし株が三万七〇〇〇円から瞬間的に二〇〇八年に七〇〇〇円割れまでを経験する。不動産市況も同様で、バブル期高値から下落し、戻っているのは東京の土地だけである。

こういった一九九〇年代の状況を覚えている五〇代以上の人間にとってはどうも投資というのは怖い、というイメージがあるだろう、しかしパラダイム転換が起きたため、そう言って踏み出さないと時代に取り残されることになる。

また、突発的なリスクとして、株は個別企業の不祥事があると思う。コンプライアンス違反などである。一方で、不動産であれば天変地異が代表だろう。南海トラフ大地震や富士山の噴火だろう。そういうことが不安で不動産投資や株式投資に踏み出せない。

では期待値で考えてみよう。

期待値とは金額×確率で表す。

例えば一億不動産投資をして年４％の収益があるとする。すると、

Ⓐ怖いので投資をしないケース

2％のインフレで三〇年後に目減りして、

Ⓑ大地震が起きて一〇〇〇万損するケース

４００万×30年＝１億２０００万円の儲け

▲１０００万×期待値14％＝▲１５０万

今後三〇年以内にＭ８程度の地震が起こる確率は内閣府の発表数字である14％とする。そこで

の被害額は差があるが例えば一〇〇〇万円の修繕を迫られるとする。

しかし結局何もしない方のインフレによる減価の方が大きいので損害の額にもよるが投資しない方が損になるということがわかる。もちろんここは考え方の違いもあるので無理やり投資をしろという話ではなく、何もしないことはかなり大きなリスクとして存在するということである。

○株一択で長期投資を行う

ここまで読んでくれた方には投資に関しての心構え的なものはわかっていただいたと思う。そこで次は、実際何で投資をすべきかというのを具体的に見ていきたいと思う。

ペンシルバニア大学のジェレミー・シーゲル教授が『株式投資』という本の中で一八〇一年から二〇〇六年のなんと二〇〇年間にわたる超長期の期間で株や債券、金やドルがどの程度上昇したのかを豊富なデータで検証している。結論は株や債券でポートフォリオを組む分散投資より、株式投資一択の方が優位であるという内容だ。

皆さんも一〇年、二〇年という中長期の期間であれば、ご存じの通り、株式投資は非常に優位性が高いということは既に知っていることと思う。それでは二〇〇年にわたる超長期ではどのような結果になるのだろうか。

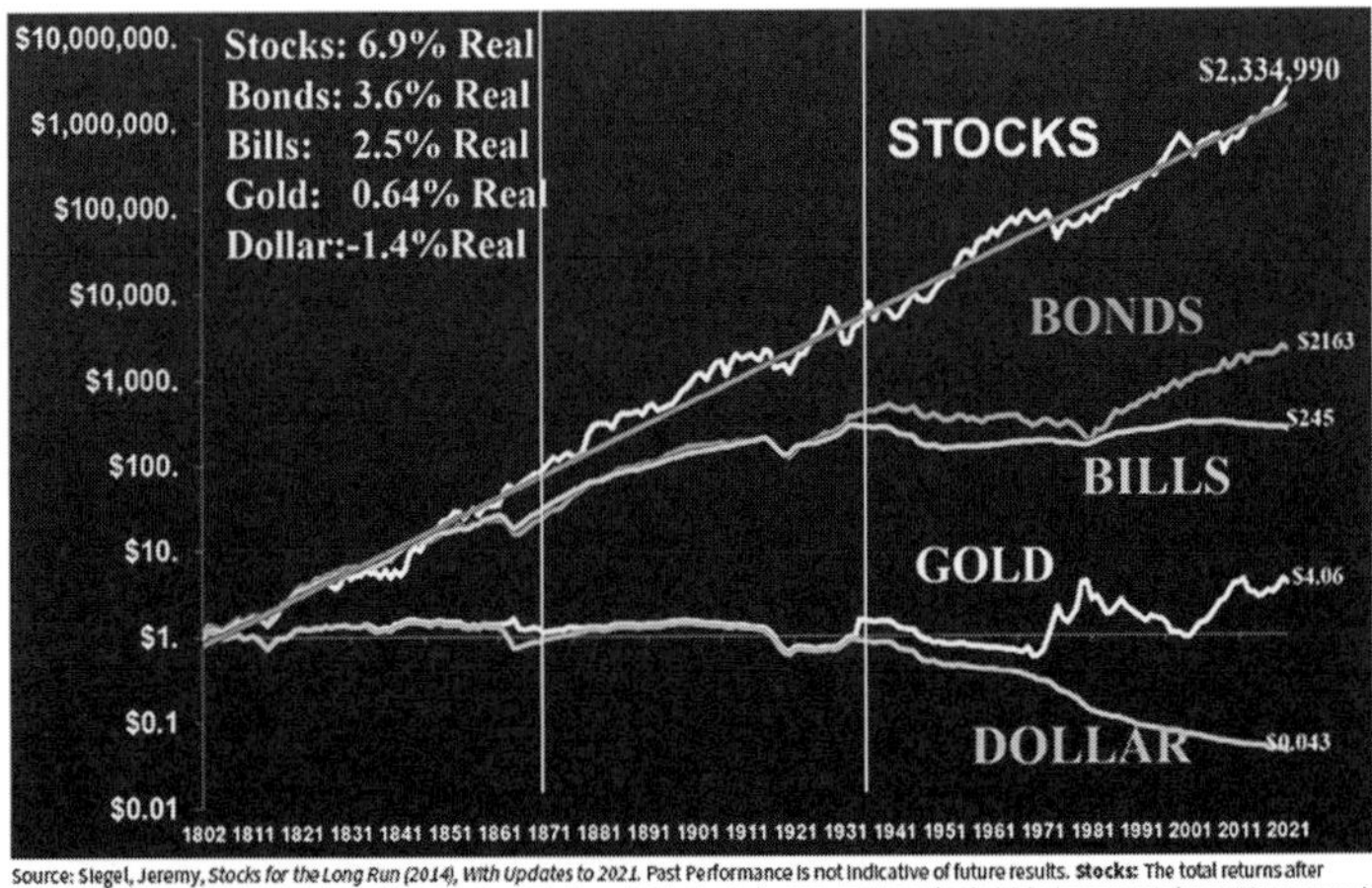

Source: Siegel, Jeremy, *Stocks for the Long Run (2014), With Updates to 2021.* Past Performance is not indicative of future results. **Stocks:** The total returns after inflation on the broadest index of stocks available at the time. (Stocks-real-total return index: 1802–2022). **Bonds:** The total returns on an index on U.S. government bonds after inflation. (Bonds-real-total return index: 1802–2022). **Bills:** Total returns on U.S. Treasury Bills after inflation. (Bills-real-accumulative index: 1802–2022). **Gold:** The value of $1 of gold bullion after inflation. (Gold-real-price index: 1802–2022). **Dollar:** The purchasing power of one U.S. dollar. (Money: 1802–2022). Index performance assumes reinvestment of dividends, but does not reflect any management fees, transaction costs or other expenses that would be incurred by a portfolio or fund, or brokerage commissions on transactions in fund shares.

Siegel Jeremy『Stocks for the Long Run』より

この著書によると一八〇一年に一ドル投資したとして、

・株式は二三三万倍に上昇
・長期債は一ドルが二一六三倍
・金は一ドルが約四倍
・米ドルは〇・〇四で二〇分の一以下

※ドルベース、実質トータルリターン

と分析しており、株式ポートフォリオの大部分を株式指数ファンドに投資するべきだと結論付けている（株・債券などの分散投資ではなく、優良企業の株式で分散投資をするということ）。

意外なのは株式の上昇に比べて金がたいして上昇していないこと。今は金が円建てで高値を更新しているし、長期保有は金というイメージがあるが超長期で見ると株式に遥かに劣るということがわかる。

金とドルが他の資産に比べて上昇していない理由は、金に関しては利息や利益などの価値を生み出していないということがあるだろう。またドルが大きく下落しているのも、各国政府が金本位制をやめた一九三〇年代以降であり、無限に紙幣を発行できるということによる価値の下落ということになるだろう。

いずれにせよ、ここから長期投資は株一択ということがわかる。なぜ株が超長期で見ると有利なのか。それはそのものが利益を生み出すものであるからと考える。

ビットコインなどの暗号資産も円ベースで再度、過去最高値に迫ってはいるものの、金もそのものでは何も生み出さない（暗号資産は一部ではステーキングができるものもあるが）。

一方、株式は企業として利益を生み出すことができるので長期的にはアウトパフォームする。よって私自身は一般社団法人経済教育支援機構の上地明徳（かみじあきのり）氏（信州大学経営大学院特任教授）が言うように、株・債券・コモディティなどの分散投資は必要ない、と考えており、二〇二四年から始まる新NISAは分散投資をする必要はなく株式一択と考えている。もっと言うと、ジェレミー・シーゲルの言う通り余裕のある人は一〇〇年単位の超長期で株式を保有すべきだろう。

○ポートフォリオはいらない

上記の通り、短期ではなく、中長期で資産運用ができる人は株式投資一択ということがわかるだろう。世間一般的には、株、債券、コモディティなどのポートフォリオ理論を推奨する人は多い。一般的にはポートフォリオ理論は、資産を一つの商品だけに集中させるのではなく、値動きの異なる複数の商品に分散させる、分散投資という考え方が大切と言われる。その理由は資産をひとつの商品に集中させると、運用がうまくいかなかったときに大きな損失になってしまうからで、値動きの異なる資産に分散させれば、万一どれかが損失を出しても他の商品でカバーしながら、リスクを抑えた資産運用ができるということになる。

実際、世界最大の機関投資家であるＧＰＩＦ（年金積立金管理運用独立行政法人）は国内債券・外国債券・国内株式・外国株式のポートフォリオを組んでリバランス（上がったものを売って、下がったものを買い足すこと）しながら我々の年金の資産運用をしている。

一見これがよさそうに見えるが、一般の投資家にはこれが非常に難しい。まず第一に資産が急落したときに恐怖で買い足すことができないということ。つまりリバランスをするにも機械的にできないということがある。また、第二に、そもそも普段仕事をしていれば上昇しているときに売ったり、下落しているときに買ったりのリバランスを証券会社にアクセスする時間があるのかという問題がある。

その点ＧＰＩＦは運用者を置いているのでプロが実行できる。また、株、債券、コモディティに分散投資と言っても上記の通り、株は二三三万倍、金は四倍である。わざわざ短期的には倍になるかもしれないが、中長期的にはそれほど上昇しないものに投資したいと思うか？という点もある。

よってシンプルに株式投資一本にし、世界の優良企業の株式に分散投資をするということがベストと考えている。結局のところ、長期間の過去の実績からみると、ポートフォリオ理論よりも世界の優良株に分散投資している方が遥かに増えるのだ。

なお、日本の証券会社はストックビジネスに軸足を移しつつはあるものの、第二次大戦後、乗り換え、回転売買の文化が根強く、本当の長期資産形成の文化はない。我々個人投資家は乗り換え、回転売買はご法度ということは言うまでもない。

○世界の株に分散投資とは？

ポートフォリオの中には株・債券・コモディティなどに分散せず、株一択ということがわかったところで、それではどのような優良企業の株式に投資をすればいいのだろうか。

投資についてある程度勉強されている方は「では、オールカントリーに投資？」と考える人も多いと思う。

ちなみに、三菱ＵＦＪアセットマネジメントのｅＭＡＸＩＳ Ｓｌｉｍ 全世界株式（オール・カントリー）が有名だ。実はこのオールカントリーと言われる投資信託はオールカントリーではない。この手の投資信託は日米欧をはじめとする先進国と、中国・インドなどの新興国に投資するのがオールカントリー、全世界株と言われるものであり、ベトナムなどのエマージング諸国には投資をしていない。つまり本当の全世界株ではない。「先進国・新興国のみ」を対象にしているのだ。いずれにせよ、世界の優良企業に分散投資をしている株式ファンドを自分なりにピックアップして購入していくべきであろう。

○一〇〇年単位で株を保有

具体的には、二つの方法により株式を保有することを推奨したい。まず第一は、自身の老後の資産形成という意味で、一〇年二〇年単位の中長期での資産運用では新ＮＩＳＡやｉＤｅＣｏなどを利用し株式一択で積み立て保有すること。

そして第二は、法人で一〇〇年単位で株式を保有すること。とくに企業経営者などの富裕層で「資産形成が既にできており、その築いた資産を子供や孫などの一族に超長期で残したい」という層は、株式をあえて法人で代々保有すべきと考える。その理由は超長期の投資は個人には向いていないからである。

人間の寿命は数十年。親が築いた株式でも、親が死亡すると、多くのケースで相続した子供が相続直後に株式を売却をして現金化してしまう。株式投資が一代限りなのだ。そこで使うのが法人。法人は基本的なルールを定款で記し、それとは別に社訓や経営理念など、様々な決まり事があり、最近では超富裕層は家族憲章さえ、びっくりするような大金を支払って作っているところもあるくらいである。

一〇〇年以上にわたり、考え方を継続させ、株式の長期保有を担保するために、あえて法人で株式投資を行うというわけなのだ。子供や孫には、代々このファミリーカンパニーは「未来永劫、法人で保有する株や金などを永続的に持ち続けるために存在する」ということを伝える。

投資は必ず出口を考えてしなければいけないので、「出口を考える投資は個人で保有」し、「できれば永続的に一族のために持ち続けるものは法人にしておく」という形で株式投資に取り組むのは非常に有用と考える。

もちろん法人で保有するというのは誰でもできるものでもないし、法人の決算は手間もかかるし、税理士報酬がかかるため万人にお勧めできるものでもない。しかし昨今は会社員をやりつつも副業等で個人でも会社を持つ人も多い。そういった方は個人で株式投資をするのであれば、法人設立も選択肢に入れるべきではないだろうか。

初心者の方は「ポートフォリオを組んで分散投資をすれば大丈夫！」というようなことを言うが、私はポートフォリオを組んだとて、前述の通り個人投資家はリーマンショックのような大暴落のときは恐怖で何もできず、※リバランスなどできないと断言する。

リーマンショックのようなときは株や債券、コモディティもすべての資産がほぼ同時に下落するし、「5％下がったら買おう」などと思っていても、恐怖で下落した資産の押し目買いはそう簡単に個人投資家にはできない。ポートフォリオを組むというのはなんとなく前から知っているし、皆がやっているので安心感はあるものの、それはあくまで平時の話で、混乱期にはそう簡単にはいかないもの。そこで株債券コモディティなどのポートフォリオを組むことはせずに、あえてシンプルに前述の二三三万倍という話から株式投資一択なのだ。

ちなみに資産管理会社で保有する方はいるが、一般の事業法人でも超長期に株式投資を行う会社も多くはないが存在する。

神奈川にある製造業を営む法人もそういった法人の一つ。父から最近会社を引き継いだ三代続くある会社は、本業の製造業とは全く別の側面も持っている。それはある上場企業の株式を一〇億円単位で保有しているのだ。これはもともと祖父の兄、つまりこの会社の社長にとっては父の伯父(大伯父)にあたるわけだが、この大伯父がもともと創業者である上場企業であり、その関係で祖父がその株を一部法人で持っていたというもの。

この社長がやっている製造業自体はさほど儲かっておらず、本業が好調とは言えないが、この上場株のおかげで(せいとも言えるが)、自社株(製造業の会社の株価)が上昇してしまっており、二代目の社長が死んだときの相続税が悩みのタネとなっている。

問題は初代社長から言われた「法人で保有しているこの上場企業の株は絶対に売ってはいけない」ということ。「本業の製造業がうまくいかなかったからと言って株を売って本業の資金に充てようと思うな」「もし本業が儲からなかったらその本業はやめても上場企業の株は持ち続けろ」と現社長にも引き継がれた言いつけがあり、その社長は現時点でもその教えを守っているのだ。

本業があまりうまくいかずに従業員は数名になってしまっているのだが、それでもその上場企業の株は持ち続けたままである。当時の約八〇年前の簿価から考えて、今は一〇倍以上になっている。

そもそも超長期投資をしたいと考える人間がどこまでいるのかはわからない。自分の代だけ裕福に暮らせたらいいのかもしれない。しかし、毎年子供や孫に生前贈与を行う、裕福な方は多いだろう。短期的には一一〇万円程度の生前贈与でもいいかもしれないが、子供、孫、そしてもっと先の代のことを本当に考えたら、すでに事業法人を経営したり、資産管理会社を保有されている人は、その法人に優良な株式やファンドを持たせ、超長期的に家族、一族の発展の礎となるためにそれらを保有する。

法人での株式投資は出口の問題はあるものの、次の代に資産を残すという観点では現時点で最も超長期投資に最適な手法と言える。

事実、上場企業の創業経営者など超富裕層は自身の上場企業の自社株を、主たる目的は異なるが、財団法人に保有させていることが非常に多い。最近は少なくなっているが、地主は何百年も土地を守りたいと願う。私はこのデフレを脱却できそうなタイミングで超長期にわたって株で一族の資産を守ることも視野に入れるべきと考えているのだ。

ウォーレン・バフェットの名言の一つを紹介しよう。

「私の好きな保有期間は永遠である」

※一定のルールに基づき、上がったものを売って、下がったものを買う投資行動のこと

○晩節を汚さないために

この本の終盤に本論とはそこまで関係ないものの、資産が形成できたり、それなりの資産を築いた場合、最後に晩節を汚さないための大事な話をしたいと思う。

資産がある程度形成しているのならば、どんなに遅くとも七〇歳になるまでには遺言を作成してほしいということだ。

というのも昨今、離婚率の増加も伴ってか五、六〇代以上のシニアの再婚が多くなってきており、令和四年に公表された内閣府男女共同参画局の「結婚と家族を巡る基礎データ」によると、二〇二〇年の婚姻全体のうち、約四件に一件が再婚で一九七〇年代以降、上昇傾向にある。また、結婚する人に占める再婚者の割合も男女ともに増加傾向であり、再婚者の割合は男性が一貫して

高いデータが出ているのだ。

富裕層のデータまでは掲載されていないものの、私の経験的には圧倒的に資産家ほど、再婚率は比例するのではないかと感じており、六〇〜七〇歳台で二〇歳以上年の離れた妻を迎える経営者などの富裕層は多い。その反面、相続に配慮しないと後妻と前妻の子の間でトラブルが起きることが多々あり、シニアの再婚こそ、晩節を汚すことになりかねない事象であると考えている。

よくある状態としては経営者である父、後妻、前妻の子がいるケース。絶対的な存在である父がいる間はパワーバランスが保たれているので表面上のもめごとは起きづらいし、表面化しづらいが、この父が亡くなるとパワーバランスが崩れる。

後妻が経営者である父と住んでいた自宅は、前妻の子にとっては生まれ育った家。百歩譲って、父と後妻が住むのはいいとして、父が亡くなった後、大事な生家に後妻が居座っているだけで、「自宅を好き放題している」ととらえてしまいがちだし、後妻にとっては「配偶者から相続した家に妻が住んで何が悪い？」という話になり意見が真っ向から対立する。またそれぞれの言い分は正しい。

とくに、富裕層の自宅は要塞のような豪邸だったりするし、マンションを一棟保有していて、そこの最上階が自宅だったりするので、資産価値的にも高く、定量的、定性的に問題を生み出してしまうのだ。

それらの問題を防ぐにはどうすればいいか。それは父が自分の死後、このような問題を発生させないよう、生前に対策を取るしかない。

まず第一に遺言を作成することで自宅を後妻に相続させるのか、前妻の子どもに相続させるのかで争うことを防ぐことができる。父が遺言で、「自宅は後妻に相続させる」などである。もしくは現在は配偶者居住権というものを利用することができる。これは、「父が死んだ後、配偶者には居住権を与えて死ぬまで自宅に住むことができ、かつ、土地そのものの所有権は前妻の子にする」というものである。

この配偶者居住権を利用することで父が死んだ後も、後妻は死ぬまで自宅に住め、後妻が死んだら前妻の子に自宅が戻ってくる仕組みになるので、非常に使い勝手が良い。しかしこの配偶者居住権を利用するには原則、遺言でその旨を遺すことが必要なので、父が遺言を遺さない事には基本使えない。よって遺言作成が必須になるわけである。

再婚しても、想像力が欠けている人や責任感のない人は、表面上仲良くしている後妻と前妻の子を見て、自分が死んでも彼らはうまくやるだろうと油断する。どのような問題が起きるかを想像できない人は遺言を作成しないし、「自分が死んだら勝手にすればいい」と無責任な人も意外と多い。

個人的には経営者として大成した人などはそのあたりのことを先読みできるし、先読みしたからこそ富を築くことができたのだなと、その人柄に納得することも多い。

しかし想像力に欠ける父の場合（もしくは周りの助言を聞き入れない人）は富もそこまで大きくならないし、たとえ蓄財できたとしても、当人である父の相続発生後、家族も資産もバラバラになるということは非常に多い。

再婚もやはり後妻という新しい右腕ができたことによる既存勢力（前妻の子）との争いであり、これらの対策を取ることはリスクヘッジなのだ。それらを想像できない人はある意味「裸の王様」なのかもしれない。

○金と時間の無駄を避ける

遺言を作成していても残念ながらパーフェクトではなく、遺留分の問題は起きる。

遺留分を説明する前に相続順位についての説明をすると、相続で遺産を引き継ぐ順番は通常、配偶者は常に相続人となり、配偶者以外に以下の順番で相続権が発生する「第一順位は子供、第二順位は親や祖父母、第三順位は兄弟姉妹」である。

この第一順位である子どもがいる場合は常に配偶者は相続人になるので、「配偶者と子供」が相続人となる。そして法定相続分は配偶者が1／2、子供が1／2となる。法定相続分とは「普通、こうやって分けるよね」という目安となる相続分である。

そして、厄介なのはこのケースでは法定相続分の原則半分が、遺留分という「何があっても相続できる権利」が存在しており、それが今回のケースだと配偶者1／4、子供1／4である。つまり遺言を作成して全財産を後妻にとしたとしても、前妻の子が1／4は絶対に財産として相続することができる。父は遺言を残して全財産を後妻に相続させたいとしても、「遺留分侵害額請求という形で内容証明郵便を前妻の子が後妻に送った場合」、後妻は現金で遺産の1／4を前妻の子に支払わなければいけないのである。

ここで後妻側に死んだ父（後妻にとっては夫）の現金があればいいのであるが、とくに会社経営者の場合、自社株が全財産の五割から七割程度を占めることが多く、自宅や現預金、自社株などの遺産総額が五億円であれば一・二億円程度現金で払う必要があるし、一〇億であれば二・五億円である。これを現金で払わなければいけないというわけだ。

厄介なのは不動産や自社株などが遺産全体に対して大きいと現金が払えなくなるというケースだ。地主であれば東京などの土地評価が一〇億円以上になっているケースもあるし、儲かっている中小企業でも自社株が一〇億円単位になっていることはザラである。そのような場合、売却しづらい土地や自社株のせいで現金で払わなければいけない遺留分1／4が億単位になってどうしようもない状況になることが多々あるわけである。

前妻の子だけではなく、父の兄弟からしても、先祖代々の不動産などを後妻に取られるのは納得いかないというケースもあり、後妻との再婚を反対されるケースも非常に多い。

不動産や会社などが先祖から代々紐づいている資産がある場合、結婚でさえも当人だけの問題ではない。もちろんうちは資産がないから大丈夫ということを言う方も多いが、自宅だけでも保有していたら上記の問題は起きるし、有名企業のサラリーマンも退職金が一千万単位になるわけで、うちは財産がないとは言えない。

また、自分の死ぬときは正直わからない。いくらお金を使うべきか使わないべきかも想像できないのでシニアは貯蓄をして消費はあまりしない。そして不動産込みで一億以上の遺産になることも多い。必ず再婚した人は遺言作成を考えるべきだと思う。遅くとも七〇歳までには遺言を作成すべきだ。人間は年齢と共に新しい決断、やったことがないことに取り組むということができなくなる。その分岐点が七〇歳前半と考えており、そこまでに一度遺言を作成することができれば、既に経験済みなので八〇代になっても「遺言を書き換えるか」という決断ができる。しかし、遺言作成することもなく七〇歳、八〇歳代になってしまうと「必要性はわかっていても、なんだかんだで遺言作成にまで至らない」ということになるからである。

最後にフランスの劇作家アルマン・サラクルーの名言を紹介して終わりにする。

「人間は判断力の欠如によって結婚し、忍耐力の欠如によって離婚し、記憶力の欠如によって再婚する」

○弁護士に頼むのは時間と金の無駄

相続で特に多いのが、「争族」と言われる、相続人間でもめることである。この争族を弁護士に頼むという人が非常に多い。しかし、できるのであれば、弁護士に頼まないで自力で当人同士の話し合いで解決すべきと考えている。理由は弁護士に頼もうが自力で協議しようが、結局のところ、よくある結論は法定相続分で決着するからなのだ。

法定相続分というのは、民法で定める相続での遺産の分け方の目安である。例えば母、長男、長女のケースで考えてみる。母親が亡くなった場合、母の遺産の分け方に関して長男と長女で相続争いになったとする。これは基本、弁護士を入れようと入れまいと裁判になろうとならなかろうと大体において法定相続分である二分の一ずつで決着する。

離婚もそうだが、争いごとには三段階ある。第一段階が協議。これでまとまらないと第二段階で調停。調停でもまとまらないと調停不成立となり、第三段階である審判となる。

第一段階である協議は所謂当事者同士の話し合いだ。長男と長女で母親の財産をどう分けるかでもめて話にならない状況になったとする。この話し合いで決着がつかないと第二段階の調停というものになる。これは東京だと霞が関にある家庭裁判所が入っている建物にある調停室で調停員という第三者二名と当事者が別々にそれぞれの主張を訴えるものだ。一～二ヵ月に一度、この調停というものが開催される。大体において一年前後（二〇二〇年度の司法統計によると64%が一年以内に調停終了となっている）にわたるが、この調停でも決着がつかない場合、調停不成立となり、審判となる。みなさんがよく言う裁判と呼ぶケースである。ちなみに日本は調停前置主義という考え方になっているため、いきなり当事者同士の交渉がうまくいかず審判になることはない。基本的には調停で終わり、審判にまでもつれる方が少ないだろう。

この決着というのが基本的には法定相続分になることが多いということだ。もちろん細部に関しては自社株の金額をいくらにするかなどで、双方の言い分が食い違いそれぞれの数字を主張するわけだが、双方が納得のいく真ん中の数字になることが多い。一方で弁護士を入れると安くても着手金数十万円で、成功報酬として経済的利益の10～15%程度がかかる。つまり遺産の額にもよるが一〇〇万単位の弁護士報酬がかかるというわけだ。

つまり、弁護士に頼んだからと言って何かの正義が通るとか、悪事が成敗されるとかそんなことはない。妥協の産物になるということなのだ。このあたりのことを考えずに少しもめたりすると「やれ弁護士だ」という人は一定数いるが、「金と時間の無駄」である。できることであれば当事者同士で話し合うべき、という結論になる。

そもそも弁護士とはその名の通りで、依頼者の「弁護」をする人であり、正義の味方でもなければ、相手の悪事を暴く仕事でもなんでもない。米倉涼子ではないのだ。しかし本やテレビなどの影響か、正義の味方のようなイメージがついているが別にそんなことはなく、依頼者の弁護に動く仕事と考えるべきであろう。

また弁護士のよしあしというのもある。日本は法治国家でありある意味すべての人間の活動に法律というものが及ぶ。つまり弁護士の守備範囲というのはあまりにも広い。民事、刑事、依頼者は会社なのか、個人なのか、相手方は個人なのか法人なのか。会社なら会社法なのか、個人は離婚なのか相続なのか交通事故なのか、等である。よってどの分野にも満遍なく強いというのは考えづらく、必ず得意不得意がある。

そして、個人の業務に関しては報酬が低くなるし儲かりづらい。しかも個人の相談などは最初はいきなり相談者の今までの苦しみを凝縮したグチから始まる。弁護士は、法律が詳しいのは最低ラインであり、それ以外の人の話をとりあえず聞くことができるのかなどや、法律以外の解決策を提案できるのか、などの経験値や人間力的なものも問われるので、いい弁護士というのはなかなかいないというのも実感としてある。

とくに医師は何かあるとすぐ弁護士に頼ることが多い（時間がないからだろう）が、弁護士に交渉を任せることで相手の感情の火に油を注いでいるケースも多く、結論からすると個人同士（とくに親戚など知った仲）であれば当人同士の協議で終わらせた方が、お金と時間の節約になると経験上強く感じる。相手が万が一弁護士を雇ってきた場合、それは致し方ないのでこちら側も弁護士に頼らざるを得ないだろう。草野球で戦っていたら、相手側のピッチャーがプロ野球選手にバトンタッチしたら、こちらもプロ野球選手で打ち返すしかない、ということだ。しかしそうなるまでは当人同士の話し合いをお勧めする。どこかでボタンの掛け違いがあるだけなのだ。

これは税理士にも言える話で、「法人の決算から、不動産の税務上の土地評価、会社の税務上の株価評価から、相続」まで税務も非常に多岐にわたる。これをたいていの税理士は一人でやっている。よってマンパワーに限界があるので、どうしても得意分野というのが出来上がる。それは数が多い案件であり、難しくなく取り組みやすい案件だ。それが個人の確定申告と法人税の申告となる。よってその分野に関しては数も多いし、経験値は高くなる。

世の中に〇〇会計事務所という名称の税理士・会計士が多いのはそういうことだ。しかし、実際は収益力はあまり高くなく、ＡＩの影響などで付加価値のない仕事になりつつある。そこで、何が起こるかというと価格競争などが起きて多くの会計事務所が疲弊する状況になっている。

そこに登場してきたのが相続マーケットである。二〇一七年の相続税の大増税（基礎控除という相続税を納めるか否かの最低限のバーが下がったことにより、都内に自宅を持っているような人がみな相続税の課税対象となったことで一気にマーケットが広がった）が起き、相続をほとんどやっていない会計事務所の参入が始まる。

しかし、もともと会計中心のため経験はあまりない、ただ、商売上は儲かる仕事のため自社のＨＰや広告等で「相続専門」です、と宣伝する。こうして相続マーケットの大海賊時代が始まったわけである。しかし納税者は相続税を減らしたい、税務調査を減らしたいというようなニーズになるが、相手の税理士は基本的には経験が少ないので、謳ったはいいが看板に偽りアリの状況。なので顧客満足度は高くなく、とくに富裕層に関してはその不満が大きくなる。税額が大きいからだ。相続税が数百万で済めばまあいいかになるが、それが数億円になると、何しているのか？という話になるわけだ。

また、死んだときの相続税が億単位になれば、場合によっては納税するにも資金がないので、土地を売ったり、会社を売ったり、医療法人などは持ち分あり医療法人から持ち分なし医療法人に変更せざるを得ないという状況が全国で続発しているわけである。もちろん税理士にとっては顧客の納税者に代わって相続税を算出しているだけなので、税金対策のコンサルティングをやっているわけではない。しかし、そんなことを顧客とのコミュニケーションの中で伝えていないので、多くのクライアントと税理士の間で齟齬が生じているというわけである。

税務署はどのような状況になっているかというと、会計部門、資産税部門（相続等の業務）他、きちんと部署が分かれている、つまりそれぞれの専門家に対応させているというわけだ。ところが町の税理士や会計事務所は一人が全部やっている状況であり、それは対応できないよね、という状況なのだ。顧客側はこのことをよく理解しておく必要がある。

あとがき

○上場企業は均等な金太郎飴、非上場企業はオーダーメード

上場企業の本質＝株主の利益を出すこと＝つまり、儲けを出すことが最大の存在意義、その儲けというのは利益であり利益の源泉は顧客にある。

つまり、顧客が喜んで利益を払うというのが原則。

服だったらユニクロのようにいいものを作ったり、ＬＶＭＨのようなハイブランドのようにブランディングを強化して原価率数パーセントのものを作っても支持されればたくさん売れる。しかし果たして金融はそうなのか。

私はフェラーリに乗っているのだ、リシャール・ミルの時計をしているんだ、ということが一つの自己肯定感を持たせるものだが、うちは○○証券と取引しているのよ、○○銀行だよ、すごいだろ！とはなかなかならない。そこで金融業界は、その営業担当者のキャラで取引せざるを得ないので、「熱心さ」などの営業マンの資質やキャラクターを問われてしまう難しい業界なのだ。

一方で金太郎飴的に同じことを同じようにセールスできる人間をたくさん育てることができれば一定の成功は納められるし、仕組みとして預金をしているものから投資に振り替えるだけなのでますます銀行は「投資に関しては」入口となり得る存在である。

ただし、金太郎飴を作るというのは逆に言うと個別対応がしづらくなる。二〇二三年一〇月二六日の日経新聞によると、地銀が保険窓販の商品を絞り込むことを決めた。理由は顧客への説明責任の質を担保するためと報道されており、行員の商品に対する理解度を高めるとある。

つまるところ、金太郎飴の質は均質ではあるものの高くはないということである。

一方で、非上場企業はそれこそ遥かに上場企業よりも数がありその品質は様々である、下手をすると上場企業以下であることもたくさんある一方、上場企業よりも属人的になっており人に依存しているものの、高品質のものもあるということだ。

銀行、証券にいれば、基本的に本社が勧める商品を売る。日本の上場株式数は約四〇〇〇。アメリカの上場株式数は約六五〇〇社。日米だけで合計一万社の会社の株があり、世界全体では上場企業数が四万五〇〇〇社。多すぎてどれに投資していいか、わけがわからない。

そこで、永続的に生き残る会社をプロが選別して投資するようなファンドなどの投資信託が存在する。しかしそれも投資信託協会の集計によると公募投信という誰でもいつでも買える投資信託の数は約六〇〇〇本。また私募投信と言われる、誰でもいつでも買えるわけではない投資信託の数は約八五〇〇本。合わせて一万四〇〇〇本以上となる。

個別株の数が四万五〇〇〇社でただでさえ選別できないのに、その個別株をプロが選別している運用するファンドが投資信託全体で一万四〇〇〇本も存在するのだ。プロに任せる投資信託でさえも一万四〇〇〇本存在するので選ぶのはやっぱり困難である。よって本社が選んでそれをマニュアル化して支店に売らせるというのが上場企業（大手金融機関）なのである。

一方で非上場企業はその世界が好きでひたすらにオタクのようにやっている人やもっと自由に営業したい、お客様と伴走型で仕事をしたいという人が多いので、大手に比べてアクセスしづらい、出会いづらいが、非上場企業はオーダーメードで丁寧に対応してくれるところもあるだろう。規模感を重視する人は、大手金融機関に相談すれば良いだろう。

この仕事をしていると、顧客が相談した専門家はその得意分野の話しかせず、俯瞰的な提案を顧客にしておらず、偏ったソリューションになってしまっているということが散見される。

相続について司法書士に相談したら遺言作成と家族信託の話になるだろうし、不動産屋に資産運用を相談したら不動産の話にしかならない。

一般の方は意外とこれを知らずにそもそも相談する人を、間違えているケースが多い。会計顧問の税理士がずっと三〇年見てくれていたので相続対策はばっちりだと思い込んでいる会社経営者や地主も多いし、（相続対策なんてしてくれていないのだが）そう思い込んでいる人があまりにも多い。

顧客側がどの分野にはどの専門家に聞くべきか、そもそもわからないことがほとんどだし、専門家側もサービス業であると考えている人は少ない。

そこで私は富裕層の財務、税務、法務、資産運用、相続、不動産に関する、つまり資産に関する問題解決を一手に担うサービスを一五年前に始めたわけだ。狙ってやったのではなく、私のこの富裕層ビジネスの起点は、もう日本を撤退したのだがスタンダードチャータード銀行というところからスタートする。

富裕層の資産運用を担うだけの証券会社のような銀行だったのだが、ここで、富裕層の悩みは結局のところいくつかに絞られるということに気づいた。

それは「会社や資産をどう次代に継がせるかなどの相続の問題」、「税金が高すぎる」という不満、そして「健康寿命を延ばすこと」だ。

正直最後の健康寿命の部分は私はどうすることもできなさそうだったので、相続と税金について自分なりに試行錯誤していくうちに今のビジネスモデルになったというのがある。

そもそも弁護士、税理士はじめ、士業は合格するためにはかなりストイックに勉強しないと受からないような難関資格試験であり、そのような点ではサービス業と認識していないようないわゆる「頭のいい人」しか受からないと思う。

税理士に資産運用の相談をしたり、一般の人が士業に家庭のグチなどの要領を得ない話を延々としたら、士業は「俺はこう言う話を聞くために難関資格に合格したわけではないよ」と内心気分を悪くするだろう。社長がワンマンで税理士とケンカになって、場合によっては税理士から「顧問契約打ち切り」とどっちが客だかわからないように士業から切られてしまうことも多いだろう。

そうであれば、目の前の顧客はどのような問題を抱えていて、どのような制約条件があるのか。

そこをまずははっきりさせて、顧客の問題に適した専門家のチームで問題を解決すればいいのではないかと走りながら考えた結果が現在の業務内容である。

このお客さんに最適の問題解決はAなのに二〇年以上にわたって何もしてなくて手遅れになったり、適切な専門家に行くことなく、何かを買うだけで問題は全く解決されていなかったり、耳触りのいい調子のいいことばかり言って顧客を丸め込むだけの業者であったり……とそういうものばかりのこの富裕層ビジネスの中で、顧客に最適なそして親身になったサービスというのをコツコツつづけてきた。

とはいえ、全部弊社が問題解決することもないだろうし、自分でできる人は少数派であろうが確実にいると思うので、そういった人がこの一冊を読んで基本的なものは学べるようにしたつもりだ。

○資産と時間の関係

若いときはお金がない。しかし時間は有り余るほどある。歳をとるとお金はあるが時間はない。そして若さは最強であり、お金がなくても何とでもなる。それは未来があるからだ。一方で、歳をとるとお金がないとどうしようもない。それは未来がないからだ。

このトレードオフの関係は非常に重要で、FIRE※というのは結構勘違いされていて、士業や外資系コンサル・金融などのスーパーサラリーマンが体調を壊すほど仕事をして、その体力をすり減らす代わりに手に入れた資産を元手にＦＩＲＥするものであろう。

しかし、時間がたくさんできても、その分お金を使うことになるし、Ｍ＆Ａで売却した元社長も同じだが、一千万単位のフローが入ってきたときと同じ生活レベルを続けてしまったりするので、一億円くらいの元手で「さあ退職」となってもなかなか難しい。前述のように投資で失敗は絶対にするし、ある程度、投資の利益で生活が回っていくような道筋を立てる・経験値を積まないとＦＩＲＥしてもうまくはいかない。

この資産と時間のバランスのとれた未来に向け、日々、あっという間に過ぎ去っていく毎日で、日常の業務をこなしながら、未来への布石を打っていきたい。毎日には三つの仕事があり、それは過去の清算、現実の処理、そして未来への布石だ。

過去の清算はたとえば、過去に起こしたクレームの処理であったり、自分が下した決断が間違っていた場合の後処理である。そして現実の処理は、毎日の業務を片付けることである、これが毎日の自分の目先の収益になる。この現実の処理をキチンとしないと日銭が入ってこないしきっちりと仕上げなければならない。

そして、未来への布石である。人によっては資格の勉強かもしれないし、資産運用の勉強かもしれない、新規事業の構想もそうだろう。この三つの要素を毎日しながら日々歳をとるわけで、自分が毎日この三つの要素のうちどれに時間を多くとられているのかを考えておきたい。

例えば、過去の清算ばかりをしていたのであれば、将来はない。一方で未来への布石ばかりしていて現実の処理ができていなければ、生活はカツカツだろう。

また現実の処理ばかりであれば未来はない。このように自分は毎日何をして老いるのかを考えながら日々、過ごしていかないと資産と時間のバランスはうまく取れずに年齢だけ重ねてしまうことになる。せめて未来への布石に関しては1／3を費やすべきであると考えている。

そして、この本を読んでくれている読者が入口と出口を考えながら、さらにこのインフレ下、過去三〇年よりも資産運用がやりやすい時代になるはずなので、資産を膨張させ、雪だるまをコロコロ転がしながら、沿道のヤジに振り回されることなく、資産と時間を自身にとって最適なバランスで日々有意義に過ごしていただければ幸いである。


最後に、最近のマーケット環境について。米のインフレが高止まりしており米金利の低下がなかなか見通せない状況の中、一〇年債金利が4・5％まで上昇しているのに、アメリカの株価は、高値圏を維持している。こういった局面では株価が調整するものであるがそうなっていないことに違和感を強く感じている。また日本も物価上昇と賃金上昇が持続的に継続されていくのかという点にも引続き注意を払い、インフレが継続していくのであれば新ＮＩＳＡなどを活用しながら、世界の優良企業の株式に分散投資をしていって欲しいと思う。

「FIRE (Financial Independence, Retire Early)」※の略。つまり、「経済的な自立を実現させて、仕

事を早期に退職する」ということ。

著者略歴

■江幡 吉昭（エバタ ヨシアキ）

カリスマ富裕層マネー専門家。アレース・ファミリーオフィス代表。1975年、東京に生まれる。1999年法政大学卒業後、住友生命保険に入社。その後、英スタンダードチャータード銀行にて最年少シニアマネージャーとして活躍。2009年、富裕層の資産運用・税務・財務管理を行うアレース・ファミリーオフィスを開設。

「金融に関してフェアで誠実な存在」として、中立的な立場から、富裕層の資産防衛を包括的に行う。

CMTAテクニカルアナリスト。1級FP技能士。宅地建物取引士。一般社団法人相続終活専門協会理事。

著書には『資産防衛の新常識』（幻冬舎）、『プロが教える相続でモメないための本』（アスコム）などがある。

金融資産一億円！インフレ時代の投資術
――銀行・証券会社にたよらないお金持ちへの道

二〇二四年六月六日　第一刷発行

著者　江幡吉昭
発行者　古屋信吾
発行所　株式会社さくら舎　http://www.sakurasha.com
東京都千代田区富士見一-二-一一　〒一〇二-〇〇七一
電話　営業　〇三-五二一一-六五三三　FAX　〇三-五二一一-六四八一
編集　〇三-五二一一-六四八〇　振替　〇〇一九〇-八-四〇二〇六〇
装丁　村橋雅之
印刷・製本　株式会社新藤慶昌堂

ISBN978-4-86581-427-9